資本主義の中心で、
資本主義を変える

清水大吾
Daigo Shimizu

NEWS PICKS
PUBLISHING

資本主義の中心で、資本主義を変える

はじめに

「ゴールドマン、3200人削減」

2023年1月11日、日経新聞の夕刊一面に、米国系証券会社ゴールドマン・サックスの大量解雇を報じる記事が載った。[1] 夕刊を待つまでもなく、そんなことは知っていた。

なぜなら私は、まさにその3200人の一人なのだから……。

「47階のミーティングルームに来てもらえるかな」

その6時間ほど前、いつになく神妙な口調で上司から私のデスクに電話がかかってきた。47階は応接フロアなので、社員同士のミーティングでは通常使わない。

「そういうことか……」

リーマン・ショックのときもそうだったが、従業員に解雇を通知する場合には、なるべく他の従業員の目につかない47階でコミュニケーションが行われる。ちょうど会社のリストラがメディアで報道されていたタイミングであったので、このあとの展開を直感的に理解しながらも、上司の待っているミーティングルームへ向かった。そこで自分が人員削減の対象になったことを告げられたのだ。

「間に合わなかったか……」

私が成し遂げたいことのために、「世界最強の投資銀行」の看板は非常に利用価値があったのだが。

47階のミーティングルームを出たあと、同じように解雇を通知された同僚と出くわした。10年ぶりの友人に出会ったような妙な連帯感を感じながら、その同僚と一緒にオフィスを出ることにした。解雇通知を受けてすぐ、最低限の身の回りのものだけを持ってオフィスをあとにする。

おそらく二度と、戻ることはない。

資本主義を変える、そのためには「資本主義の中心」にいる必要があると私は考えていた。

短期的な成長が目的化していることは問題だが、資本主義そのものは引き続き使う。世界の持続可能性を高めるためにも、日本が経済力を取り戻すためにも、資本主義の根本原理を理解したうえで「うまく使いこなす」べきだというのが私の主張だ。

証券業界で22年、そのうちゴールドマン・サックスでは16年、最前線で資本主義と闘ってきた。毎年成長することが求められる「現実」のなかで、次世代に持続可能な社会を残すという「理想」を追求していくために、資本主義のど真ん中で誰よりも考え抜いてきたつもりだ。

一朝一夕に何かを変えられるわけはない。資本主義を動かす「お金」の流れを深く理解し、その流れ自体を変えていく。そのために私は、日本の資本市場の奥深くまで切り込むことになった。どんなに追いつめられても、顧客への提供価値や長期的な社会へのインパクトを考慮することにこだわってきた。

しかし、短期的な資本市場が求める利益水準とのギャップを埋め切ることができず、ついに会社を去ることになる。

現在の世界情勢を鑑みると、このままでは次世代に「持続可能な世界」を残せる可能性は低いと言わざるをえない。しかし、「挑戦するのか、しないのか」と問われれば、私は「挑戦する」ことしか考えていなかった。

資本主義は「限界」なのか？

ゴールドマン・サックス（以下、〝ＧＳ〟）という会社は、生き馬の目を抜くような資本主義の本場である米国で、１５０年以上生き残ってきた証券会社だ。Ｍ＆Ａ助言業務で常に世界トップクラスの実績を叩き出すだけでなく、これまでに複数の米国財務長官を輩出し、米国の経済だけでなく政治にも大きな影響を与え続けてきた。その強大な影響力ゆえに、一部では「世界最強の投資銀行」とか「泣く子も黙るゴールドマン」と揶揄《やゆ》されることもある。

これは「徹底的に結果にこだわる」というGSの企業文化のなせる業《わざ》であり、GSの従業員は、**「結果を出さなければ生き残れない」**という厳しい生存競争にさらされることになる。私がそれまで働いてきた他の証券会社と比べても、求められる収益水準は桁《けた》が1つ違うようなイメージだった。

そうすると取り扱う金額も必然的に大きくなる。私は、たった4人の部署で年間1兆円のビジネスを作り出すという目標をずっと持っていた。残念ながら在職中には道半ばとなったが、年間7000億円まで伸ばすことができた。1兆円ビジネスの達成は後進に託したいと思う。

そのような環境で、私はリーマン・ショックをはじめ、何度も繰り返される金融危機を目の当たりにしてきた。常に成長し続けることが求められる「成長至上主義」に、ずっと疑問を持っていた。成長し続けなければならないという暗黙の前提条件が存在し、成長がすべての問題を解決するかのような幻想のなかで、環境破壊や社会の分断といった問題が置き去りにされている。

私と同じような疑問を持ち、「成長は必ずしも必須ではない」と思っている人もいる。しかし、社会からはじき出されてしまうことを恐れて口に出す勇気を持つことができず、誰もが気づかないふりをしているのではないだろうか。少なくとも、資本主義のど真ん中ともいえる証券業界にはそのような空気がいまも蔓延《まんえん》している。

「成長至上主義」による弊害が目立ち始め、「何かがおかしい」という思いを持つ人が増えるなかで、その原因を資本主義に押しつける論調は枚挙に暇《いとま》がない。**果たして本当に資本主義は限界を迎えていて、我々は資本主義に変わる新たな経済システムを構築しなければならないのだろうか？**

現在の資本主義にも問題があるのは周知の事実だ。しかし産業革命後のグローバル化のなかで純粋な社会主義国家の影響力が低下していき、資本主義より他に優位な経済システムが見当たらないなかで、まずはその本質を理解しなくてはならない。

要素に分解してみると、資本主義の本質ではなく、その使われ方に問題があることが見えてくる。後ほど考察を加えていくが、「成長至上主義が資本主義の本質ではない」と私が考えているということにだけ、ここでは言及しておきたい。

不都合を起こしている部分は修正し、使える部分は引き続き使い続ける。この本の主題は、そうやって**「資本主義を使いこなす」ことが、持続可能な社会の構築に向けて我々がとるべき方針である**ということだ。

資本主義を「疑う」からこそ、資本主義の「中心」へ

環境問題や社会問題を悪化させている資本主義に疑問を持った私は、会社を辞めて国際機関に転職をしようと思ったことがある。しかし、たとえ高尚な理念を持つ国際機関に転職したところで、資本主義の流れを変えられるとは思えずに転職を断念した。資本主義の外からの働きかけだけでは、資本主義を変えることはできない。

たとえば野球の試合をしたとしよう。負けたチームが「ルールがおかしいから、ルールを変えよう」と言ったところで、負け犬の遠吠えに聞こえてしまう。しかし試合に勝ったチームが、けっして自分に有利な形ではなく、全員にとって公正なルールに変えようと提言すれば、誰も文句は言わないだろう。

「ゲームのルールを変えられるのは、ゲームの勝者だけ」。現状の資本主義のルール

のなかで力を持った人が発言をすることではじめて、資本主義の流れを変えることができるのだと私は考えた。そして私は資本主義を中から変えるために、資本主義の「中心」ともいえる場所、つまりGSで闘い続ける決断をしたのだった。

日本の資本主義社会においては、接待や日頃の付き合いなどで取引が決まり、商品力が後回しにされがちだ。つまり**是々非々（良いものは良い、悪いものは悪いということ、「忖度《そんたく》」の対義語とも言える）でものごとが決まることが少ない**という課題がある。

私はこれが日本の競争力低下の根本要因とも考えている。この悪癖は日本の商習慣といえるくらい日本社会の隅々《すみずみ》にまで根づいており、その解決のためには、「日本社会の価値観そのものを変えるような取り組み」が必要だ。

日本社会の現場には安定を求める人々の生活があり、その結果として「しがらみ」ができあがり、変化を容易には許容しない強力な力が働いている。そうすると、「あるべき論」の前に、どうしても生活に直結する目先の損得が先に来てしまう。

そのような難題に立ち向かうことは困難を極めた。

ときには**「誰が戦後復興の経済成長を支えたと思ってるんだ!」**と声を荒らげられることもあった。**「あまり悪いうわさが立ったら、業界のブラックリストに載ってしまいますよ」**と忠告を頂いたこともあった。社会の価値観が変わるというタイミングは、特定の誰かが悪いわけではなく、それぞれが信じる正義どうしの闘いとなってしまうのだ。

しかし、誰かがこのしがらみを解消しなければ、日本は変わらない。自ら覚悟を決めて資本主義のど真ん中にいた私は、「私にしかできないことがあるのであれば、やらねばならない。それが私の人生に意味を与えてくれるのだから」という思いでこれまでやってきた。

Up or Out（成長か退場か）の世界で

「資本主義を使いこなす」ことを前提とすると、たとえば私が経験した解雇制度に関する議論を避けて通ることはできない。クビになるということは、日本社会においては口に出すのも憚《はばか》られるくらいにセンシティブなできごとであるのは想像に難《かた》くない。一方、米国社会では従業員の雇用に関する考え方が日本とは大きく異なり、従業員の解雇は日常茶飯事だ。米国の会社で働く日本人スタッフも、いつ自分がその対象になるかわからないという緊張感と覚悟を常に持っている。

もちろん解雇は生活に大きな影響がある一大事ではあるが、従業員側には解雇されないように必死に努力をするというインセンティブが働く。その緊張感が自分のスキル・アップにつながり、たとえどのようなことが起こっても次の挑戦への道を切り拓く原動力となるはずなのだ。

また、従業員を解雇するという難しい決断ができないままに会社全体が沈んでいってしまったならば、誰も幸せにならない結末が待っている。一見すると非情に見える人員削減だが、使いようによっては、我々の社会の活力につながる有用な仕組みだと私は考えている。本当の優しさは非情にも見える。見せかけだけの優しさは害悪をまき散らすだけだ。

ＧＳには、「成長できないのであれば会社を去るしかない」という苛烈《かれつ》な競争環境が存在しており、平均勤続年数は5年程度とも言われている。徹底的に結果にこだわる企業文化が醸成されているため、従業員は与えられたポジションにおいて常に120%の結果を出し続けることが求められる。それができないのであれば、そのポジションはすぐに他の人に取って代わられることになるのだ。

結果を出せない期間が続くと、クビとは言わずとも、暗に諭《さと》されることになる。

「君にはもっと他に、輝ける場所があるはずだ」

これを言われたら、次の職場を探し始めたほうがいい。

このような環境では、短期的な結果につながらないことに取り組む余裕は誰にもなくなってしまう。

このような苛烈な競争環境を端的に表した業界用語が「Up or Out（アップ・オア・アウト：成長か退場か）」だ。

そんななか、営業部門の部長として会社の求める収益に対する責任を一身に背負いながらも、「**資本主義を使いこなし、持続可能な社会を次世代に残したい**」という理想論を叫び続けることは困難どころか、ほぼ不可能と言っても過言ではない。何度もギリギリのところまで追い込まれた。それでも、資本主義を使いこなしていくには、資本主義のど真ん中で闘い続けなければ意味がない。

なかには私と同じ思いを持つ人もいた。しかし短い時間軸で成長を求める資本主義の強大な圧力の前には為《な》す術《すべ》がなく、資本主義の影響を受けづらい他の場所を求めて会社を去っていった。

成長至上主義がはびこり、時間軸が短期化してしまった資本主義社会のど真ん中で「理想論」を掲げるのであれば、いつ会社をクビになるかもしれないという覚悟を持たなければならない。しかし、所詮はサラリーマンなのだから、クビになっても死ぬわけではない。自分が人生をかけて取り組みたいと思えることがあるのであれば、クビになることなんて恐れてはならないのだ。

そのような覚悟を持つと、会社との関係も「雇われている」という感覚ではなくなる。**会社の看板を使い、自分が望む長期的な取り組みをさせてもらう。その代わりに、それに見合う経済的メリットを会社に提供する。**それができている間は協働するし、そのバランスが崩れれば関係を解消するのが当然の流れとなる。自分の人生の目的を達成するために、常に背水の陣であるという緊張感を持ちながら会社と真剣勝負を続ける日々だった。

世界をよくする、日本から

２０２３年には野球の世界一を決めるWorld Baseball Classic（ＷＢＣ）で日本が優勝を成し遂げた。米国にも負けないくらいのパワーで完全優勝を成し遂げることができたからこそ、日本の美学である謙虚さや利他の心が世界中から注目されているのを実感している。その後のメジャー・リーグにおいても、圧倒的な結果を残しながらも謙虚で驕《おご》らない大谷選手の背中を見て、多くの選手が彼の真似をしようとしている。カナダにおいては、道徳の教材に大谷選手が取り上げられる話にもなっているそうだ。[2]

ＷＢＣでの日本の優勝は、これとまったく同じことを経済界で成したいという私の思いを後押ししてくれたできごとであった。日本の野球選手が素晴らしい結果を残しているからこそ、アメリカの野球界が変わっていく。はたして日本の経済界は、世界を変えられるだけの力を持っているだろうか？

日本という国は、持続可能な社会を構築していくにあたって素晴らしい知見を有していると私は考えている。国民は高い道徳水準を持って助け合い、甚大な自然災害に直面しても何度も立ち上がってきた。世界に誇るべき「謙虚さ」や「利他」という素晴らしいコンテンツを持っているにもかかわらず、それを支える経済力が伴っていないがゆえに発信力が乏しく、宝の持ち腐れになってしまっているのではないだろうか。

日本が経済力を取り戻すことで、世界が聞く耳を持ってくれるはずだ。他者と、自然と共存してきた日本が誇る素晴らしい精神文化が世界に伝わることで、世界の持続可能性に大いに貢献できると私は思っている。そしてそのためには、「ゲーム」に勝たなくてはいけない。資本主義の「中心」で闘い続けなければならないのだ。

本書では、私が資本主義社会のど真ん中で働いてきた20年以上の間、ときには資本主義のダイナミズムに酔いしれ、ときには暴力的でさえある資本主義に翻弄《ほんろう》されてきた経験をベースに、どうすれば資本主義を使いこなして持続可能な社会を次世代に残せるかを実践的な視点で語ることに主眼を置いている。古代ローマ帝国において賢帝とも呼ばれたマルクス・アウレリウスは、こう言った。「善《よ》い人間の在り方について、論ずるのはもういい加減に切り上げて、善い人間になったらどうだ」。頭で考えるだけではなく、少しでも良いので実践してみるというのが私の基本スタンスだ。

「資本主義を使いこなして、持続可能な社会を次世代に残す」という文脈の中には、バズワード化してしまったＳＤＧｓやＥＳＧという概念も当然含まれることになる。特に資本市場では、これらのバズワードに振り回されている人が非常に多いように感じる。しかし既成の言葉ありきでものごとを考えるのではなく、自分たち独自の言葉でストーリーを語ることが重要だ。本書が、ＳＤＧｓやＥＳＧに関する情報の海でおぼれている大勢の方にとっての救命ボートにもなれば幸いだ。

１章では、資本主義という名の経済システムを要素ごとに因数分解してみよう。何が資本主義の根本原理で、何が後天的に備わってしまった思想なのかを明確に切り分けたうえで、資本主義の功罪を分析してみたい。資本主義を使いこなすためにはまず、現状の資本主義に対する客観的な分析が必要不可欠だ。

2章では、持続可能な社会の構築に向けて、私が資本主義のど真ん中ともいえるゴールドマン・サックスで、資本主義を内側から変えるために闘い続けてきた現場をお見せしたいと思う。日本の社会は是々非々で（つまり忖度なしに）ものごとが決まりづらいという問題点を抱えており、日本社会の価値観を変えるという壮大な試みが必要とされた。

そして3章では、日本の資本主義社会を3つに分解し、消費・労働・資本市場それぞれをより活発な場にするために、日ごろ考えていることを書いてみたいと思う。日本の闇ともいえる部分をたくさん見てきた。特に合理的でダイナミックにものごとが決まる米国企業と比べてしまうと、その違いは明らかであった。確かに日本には米国のように、「是々非々」でものごとが決まるダイナミズムが足りていないが、一方で謙虚さや利他という素晴らしい精神文化が根付いている。この日本に足りないものさえ補うことができれば、誇りを持って次世代に引き継いでいける素晴らしい国になるはずだ。

こうした議論に絶対的な「正解」はない。

ゆえに、この本に「答えは書いていない」と事前にお伝えしておかねばならない。この本は「持続可能な社会の構築」に向けた、ちょっと特殊とも言えるものの考え方の一例に過ぎない。議論のきっかけになれば幸いだ。

風邪に効く特効薬はないが、薬をもらうと安心する。しかし本当に大事なのは対症療法ではなく、そもそも風邪をひかないよう身体を鍛えることだ。対症療法のように「答えっぽいもの」を用意するよりも、この本によって読者の皆様の心に小さな変化を生み出すことができるならば、このうえない喜びだ。

小さな変化が、いずれ大きな変化をつくり出す。この「流れ」にこだわりを持たなければ、実際に世の中を変えることはできないと私は信じている。

目次

資本主義の中心で、資本主義を変える

はじめに　2
資本主義は「限界」なのか？　5
資本主義を「疑う」からこそ、資本主義の「中心」へ　8
Up or Out（成長か退場か）の世界で　10
世界をよくする、日本から　14

1 資本主義は「限界」か？

■episode《エピソード》.「成長を疑うヤツは出て行け」　30

1-1. 資本主義の方程式　38

資本主義＝「所有の自由」×「自由経済」　41
国ごとに異なる資本主義の「使い方」　43
資本主義「ラーメン」説　45

トッピング① 成長の目的化 46
トッピング② 会社の神聖化 51
会社が「永遠の存在」は錯覚である 51
「まじめな社員による不正」は隠れた「あるある」 53
トッピング③ 時間軸の短期化 58
「短期目線」が生まれた理由 60
上場を「選ばなかった」パタゴニア 64
ビジネスの時間軸はこの2つで語れ 65
■episode. 若手の解雇を目の前に 69

1-2. 競争原理がすべてを動かす 74
1. 資本の暴走 76
2. 格差拡大と民主主義の機能低下 78
3. 環境問題は「国境を越えない」 81
「キレイごと」より国益 83

ESGの台頭 86
薬も過ぎれば「毒」になる 90
「儲ける」か、「儲かる」か 91
■episode. 自ら「成長至上主義の歯車」を回すとき 94

2 お金の流れを根本から変える

■episode. 悪夢の長い階段 100
■episode. 「キレイごと」追求のための、1000億円超の案件 103

2-1. 日本の資本市場のボトルネックは「忖度《そんたく》」文化 109

上場という「重い十字架」を背負う覚悟はあるか 109
株価上昇は「社会貢献」 116

「権力の腐敗」は誰にでも起こる 117
株式をめぐる「袖《そで》の下経済」 119
「安定株主」で会社は安定しない 120
「交換条件」で回る袖の下経済 121
「せっつく投資家、耳をふさぐ経営者」の悪循環 123
資本市場界の鎖国 123
投資家は「待つ」、経営者は「脱ぐ」 126
忖度《そんたく》で動く日本経済 130
「うちの棚に商品を置きたければ、うちの株を買え」 130
この「商習慣」が日本を弱くする 133

2-2. 「忖度《そんたく》」を解くカギは「緊張関係」 139
ドイツを変えた「シュレーダー改革」 139
「成長」ではなく「膨張」する日本 142
ミッションは「出禁にならず」、社長にたどり着くこと 147
「いっそ法律で禁じてほしい」 147

「売りたいけど、売れない」株式 151
巧妙に隠された「袖の下」との攻防 155
■episode.「会社が動いた」、GSに新部署を立ち上げる 158

2-3. 「空気の読めない人」が時代をつくる 165

「岩を動かす」あの手この手 165
「変わりたくない人」を変える方法 166
「欧米的発想は嫌いだ」と経営者が頑固になるワケ 169
「従業員を守る」が本当に良い企業か 171
そもそも日本に資本主義はあるのか 173
「何を評価するか」が企業文化をつくる 175
指示待ち「キティちゃん」の反省 179
「他社さんはどんな感じですか?」 181
ESGを戦略的に使う 184
「トロイの木馬」作戦 186

投資家の「日本参入」メリットを考える 188
金融教育は哲学だ 190
「資本市場ファースト」がリピーターを生む 197
日本開国のきざし 200
「空気の読めない」改革者の共通点 202
■episode. 刀折れ矢尽きる 206

3 ピラニアを放り込め！

3-1. 過去の言葉になった「Asia ex Japan」（日本を除くアジア） 212
インフレや円安は「突然」起こったのではない 212
30年「失い」続けても「安定」の日本 214

茹《ゆ》でガエルから脱出する方法 218
1.「ゼロヒャク思考」に陥るな 220
これからの日本で「何度も挑戦すること」が合理的な理由 222
2.しがらみの力を解く「ペンギン」 226

3-2.
「健全な緊張感」のもたらし方 229
資本主義社会の「ピラニア」とは何か 231
1.消費市場 233
消費市場のピラニア：企業の覚悟は「値決め」にあり 233
消費市場のピラニア：消費者それぞれの「正義」とは 235
正義は人の数だけ 241
「バブル」も消費者が起こす 245
2.労働市場 247
「会社の常識、社会の非常識」に陥っていないか 247
労働市場のピラニア：労働者の「安定」は誰がつくるか 253
労働市場のピラニア：経営者が「利益」より重視すべきもの 254

「賃上げ」と「インセンティブ」の違い　256
誰をリーダーにするか　259
もっと報酬の話をしよう　262
人事権は事業部がリードせよ　265
3．資本市場　268
資本市場のピラニア：投資家は「水槽」から追い出されてきた　268
「不正のバケツリレー」を助長する組織の仕組み　271
四半期開示は「悪」なのか　274
投資家と経営者は「相互不信」から「緊張関係」へ　276
「長期目線の投資家」に振り向いてもらうために1番重要なこと　278
「投資の神様」バフェットの投資基準　284
資本市場のピラニア：個人は「目利き屋」を目利きせよ　286
「対話なき投資」が、成長を妨げる　289
ESG経営は、つきつめれば「企業文化」　297
「本当？」おじさん　297
ROE（地球利益率）で評価する時代がくる　299

結び：スポーツ界にあって経済界にないもの　306
おわりに　308
註　315

1

資本主義は「限界」か？

■episode《エピソード》.「成長を疑うヤツは出て行け」

私は昔から死が怖くて仕方がなかった。幼少期はいつも布団のなかで、自分の記憶がこの地球上から消えてなくなることを想像しては眠れない夜を過ごしたものだ。死んだらすべてが無になってしまう。しかし無があると思うことは、既《すで》に無ではない。本当の無というのは、無であることさえ気がつかない……。

こんな答えのないことは考えるだけ無駄なのだが、昔から本質を理解しなければ納得がいかない性格だったようで、このことがずっと頭から離れなかった。

*

私は四国の最西端、「日本の秘境百選」にも選定されている愛媛県の佐田岬半島の突端で生まれ育った。小学校が1学年4人しかいないような過疎地域だ。回りを見渡してみても、仕事といえば農家か漁師か公務員くらいしか思いつかないような環境だった。

大阪で予備校生活を送っていた1995年、センター試験の直後に阪神・淡路大震災に遭遇し、叔父と叔母が兵庫県で倒壊した建物の下敷きになって亡くなった。死をリアルに感じたことで、幼少期からの恐怖が改めて蘇《よみがえ》ってくる。

その後京都で大学生活を始めることになったが、震災の記憶が鮮明に残っていた。どうすれば死の恐怖から逃れられるのか、悩み続ける日々が続いた。

ある歌の歌詞で、私は「答えらしきもの」に出会った。それは「**人のために生きる**」ということだった。誰かの役に立つことができるのであれば、自分の人生に意味を見出すことができる。それによって初めて死の恐怖から少しだけ解放されるということを学んだのだった。

また、2001年の新卒研修時にはニューヨークで9・11に遭遇した。そして2007年に長男が生まれたことで、誰かの役に立ちたいという気持ちは決定的となった。

世界の持続可能性が危ぶまれるようになり、彼ら将来世代が幸せな人生を送れるかどうかは予断を許さないなか、私は彼らに対する説明責任を一身に背負うことになったのだ。彼らから、「なぜこんな世界に、僕たちは生まれてきたの？」と問われることに対する自分なりの答えを持たなければならない。どこまでできるかはわからないが、「君たちに持続可能な社会を残すために、最大限の努力はしたよ」と胸を張って言えるだけのことを成さなければ、自分の人生に意味を見出せない。死の恐怖から逃れることもできないのだ。

自分が本当にほしいものは他者との関係のなかでしか得られない。「究極の利己は利他」なのだと、私は気づいた。

＊

学生時代にはとにかくお金で苦労した。大学時代は生活費を稼ぐためにバイトに明けくれ、大学院時代には家賃を節約するために、研究室に住み込んでいた。「お金に振り回されずに、本当に自分がやりたいことをやれるようになりたい」と考え、就職活動においては証券会社を選択することになった。

こうして、当時の日興ソロモン・スミス・バーニーという証券会社（現在のシティグループ証券）に入社したのは２００１年のことだ。経済のことを何も知らない田舎育ちの若者が、いきなりグローバル資本主義の最前線に放り込まれたのだから、そのときの戸惑いは想像に難くないと思う。魚を釣ったりミカンを育てたりという、私が慣れ親しんできた世界とはまったく違う世界がそこには存在していたのだ。

新入社員研修の仕上げとして、８月からはニューヨーク（ＮＹ）で世界中の同期を集めた研修が行われた。それまで海外旅行さえもほとんどしたことがなかった私にとっては初めてのアメリカ、初めてのＮＹで、見るものすべてが新鮮であった。研修の一環として、トレーディング・フロアで実際に働いている人の隣に座って実地研修をした。少しでも気を抜いたら弾き飛ばされてしまいそうな熱気に圧倒されたことをいまでもよく覚えている。

ＮＹでの研修中には９・11に遭遇し、飛行機の２回目のビルへの衝突を目の前で目撃した。マンハッタン中がパニックになるという混乱のなかで街中を逃げまどう。ＮＹ研修は急遽《きゅうきょ》打ち切られて帰国となり、我々新入社員はそれぞれのデスクに配属された。ＮＹでのできごとは確実に私の心に大きな変化をもたらしたのだが、日々の業務に忙殺されるなかで、どこか別世界のできごとであったかのように霞《かす》んでいった。

私もトレーディング・フロアの一角にデスクをもらい、株式関連のトレーダーとしてキャリアをスタートすることになった。2001年ごろの株式市場はITバブルの末期にあたり、外国人トレーダーたちが、「名前に〝ドットコム〟がついている会社は、全部買いだ！」と大声で談笑しているような光景が日常であった。証券会社にもいろいろな職種があるが、トレーダーというのはある意味とてもシンプルだ。1日中相場の画面に張りついて売り買いをし、その日の収益が確定して1日が終わる。

要は、毎日が完結したビジネスサイクルとなっているのだ。恥ずかしい話ではあるが、そのころの私は、企業という存在を「ティッカー」（株式市場で企業ごとに割り当てられている4桁の番号）と「板」（株式を売りたい人と買いたい人の注文をすべて可視化したもの）でしか認識していなかった。

その企業の行っているビジネスが社会に与えている影響や、そこで働いている人々の生活に思いを馳《は》せることはまったくなく、ティッカー（番号）を入力して板（注文）を見ながら企業を売買し、いくら儲《もう》かった損したといって仕事をした気になっていた毎日であった。

数年、数十年に渡るビジネスを展開している企業の発行した株式を扱うにもかかわらず、日々完結するビジネスサイクルのなかでしか企業を捉えていなかったのは、自分の不明を恥じるばかりだ。もちろん、そのような投資家も一定程度存在することで資本市場は成り立っている。しかし健全な資本市場の発展に責任を負う立場であり「資本市場の番人」ともいわれる証券会社で働いている者として、まったく矜持《きょうじ》が足りていなかったと言わざるを得ない。

入社して数年が経ち、何とか半人前くらいの仕事はできるようになったときにふと疑問を持ったのが、「バジェット」といわれるチームや個人の利益目標の設定だった。我々は毎年バジェットを達成できるように必死で努力をするのだが、このバジェットは常に高い目標が設定され続ける。たとえば、来年のバジェットは今年のバジェットの1・2倍というように設定され、去年と同じバジェットというのはけっして許容されない。

あるとき私は、**「なぜ去年と同じバジェットじゃダメなんですか？　なぜ成長し続けないといけないんですか？」**という質問を投げかけたことがある。

「そんなやつは、このフロアに存在する資格はない。出ていけ」

それが周りからの答えだった。「聞いてはいけない質問」が世の中にはあるのだということを私は理解した。

まさに「Up or Out」という状況であり、これが当時の暗黙の了解であった。そこには「成長至上主義」が、疑問を持つことさえ許されない絶対正義かのような雰囲気があった。心の底では何か引っかかりを感じながらも、その暗黙の了解に慣れていくしか、証券業界で生き残る術《すべ》はなかった。

「Up or Out」と並んでもう1つ、私が疑問を持ったのが「Upfront（アップフロント：先払い）」という言葉だ。これはたとえば、お客様の運用ニーズに応えるために証券会社が期間10年の金融商品を組成して販売した際に、10年分の収益を前倒し（Upfront化）して計上してしまうことを意味する。お客様にとっては10年後の投資成果がいちばんの関心事であるにもかかわらず、証券会社にとってUpfront化したあとは収益が発生しないために、商品を売ったあとのこと（商品のメンテナンスやお客様の投資成果）には興味が薄れてしまう。要はお客様と目線がずれてしまうのだ。

特にリーマン・ショック前の証券業界では、短期的な収益を求めるがゆえにUpfront化を求めるプレッシャーが非常に強かった。Upfront化されたあとにもしっかりメンテナンスに時間を使う人は評価されず、次から次に商品を売ってUpfront化したあとはほったらかしという人が評価されるという構造がそこにはあった。

はたして、この「Up or Out」や「Upfront」は、資本主義の本質なのだろうか？　それとも何かの勘違いなのだろうか？　この章では、資本主義を因数分解してみることによって、この疑問に迫ってみようと思う。

1-1. 資本主義の方程式

証券会社に入社し、私は最初にトレーディング業務を担当した。株式市場との駆け引きのなかでは、少しでも気を抜いたら出し抜かれてしまいかねない。田舎出身ということもあって元来は内気でのんびりした性格なのだが、積極的でお金儲けに熱心である人を演じるために日々テンションを上げなければならなかった。

証券会社の業務は、ごくシンプルに説明すれば「企業の成長を、M&Aや資金調達の観点でサポートすること」と言えよう。次のように多岐に渡る。

・M&A等の助言
・M&Aや設備投資のための資金調達のサポート（その際に、株式や債券が発行される）
・発行された株式や債券の流通市場を円滑にする
⬇顧客注文をさばき、株式や債券の流通をサポートするブローカー業務（図1上）
⬇自社の資金を使って株式や債券の流通をサポートするトレーディング業務（図1下）

図1 証券会社の役割

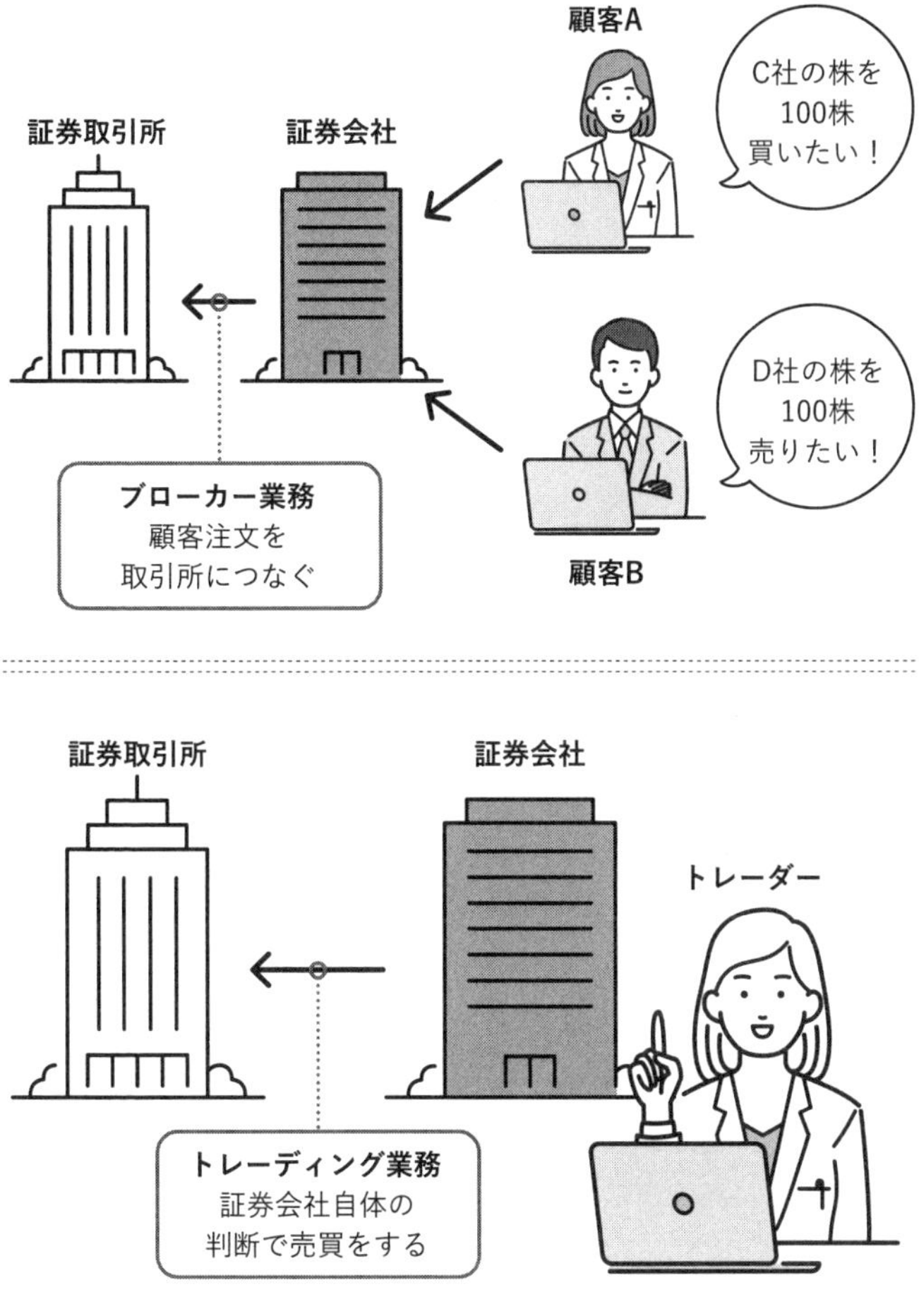
顧客A
C社の株を
100株
買いたい！
証券取引所
証券会社
D社の株を
100株
売りたい！
ブローカー業務
顧客注文を
取引所につなぐ
顧客B
証券取引所
証券会社
トレーダー
トレーディング業務
証券会社自体の
判断で売買をする

企業の価値を表す時価総額（株価×発行済株式数）が、大企業では数兆円、数十兆円という規模になるため、必然的に扱う金額は大きくなる。そうすると「はじめに」で触れたように、年間1兆円単位のビジネスも十分に視野に入ってくることになるのだ。

私は証券業界に入った当初、「資本主義」という名の経済システムに関して、正直何ら疑問を持ったり議論をしたりすることはなかった。そんなことを理解していなくても日々の業務にはまったく支障がないのだ。採用活動で学生に質問をされたときも、「当然そこにあるもの」程度の説明しかできなかったことをよく覚えている。

これは車に乗る際に、車がどのような原理で動いているかを理解しなくても運転ができてしまうのとまったく同じだ。普段はそれでまったく支障がないが、いざ車の調子が悪くなると太刀打ちができなくなる。

これと同様に、資本主義の機能不全が問題視されている昨今、**まずは資本主義の根本原理を的確に理解しなければ手の打ちようがない。**何が根本原理で、何が付属品なのかを因数分解して分析し、それぞれに適切な打ち手を考えねばならないのだ。

では、資本主義の根本原理とは一体何なのだろうか？

資本主義＝「所有の自由」×「自由経済」

資本主義を定義するために、まずは資本主義「ではない」ものと比較してみたい。社会主義との対比で考えてみると、決定的な違いは**競争原理の有無**だろう。

社会主義においては成果にかかわらず皆が同じ報酬という考え方になるが、資本主義においては成果に応じて報酬が変わってくるため、より良い報酬を得ようと人は努力をする（はずだ）。この競争原理により、より良いサービスが生み出されて経済活動は活性化されてきた。

その競争原理は、「あなたが努力して得たものは、あなたのものですよ」という「所有の自由」を認めることから発生するのだ。

そう考えると、「所有の自由」を認めることにより、人間が本来持っている欲望を刺激して競争を促し、経済活動を活性化させることが資本主義の根本原理の1つと言えそうだ。

このインセンティブ構造は古今東西において活用されてきたものであり、日本では墾田永年私財法により田畑の所有を永久に認めて、農民の生産性を上げようとしたことが始まりだと考えられる。

さらには、経済活動における制約をなるべく取り除いて市場原理に委ねる「自由経済」を志向することによって、さらに競争が促されることになった。この「所有の自由」と「自由経済」を組み合わせた状態が、我々が当たり前だと理解している資本主義の根本原理だと私は考えている。

資本主義　＝　所有の自由　×　自由経済
　　　　　　　　　　↑
　　　　　結果的に競争が促される

資本主義をこのようにとらえれば、資本主義の度合いが国ごとに異なる点に関しても説明がつきやすい。

国ごとに異なる資本主義の「使い方」

米国は自由経済の力を最大限活用して競争が促され、「成功者」を尊敬する社会的風潮が強い。このシステムを最も活用している国であろう。一方でこの経済システムは、競争の結果として、貧富の差を拡大させてしまうという副作用を持っている。税金による富の再分配や、成功者が寄付をするという文化により、ある程度の貧富の格差の是正は行われてきた。しかしそれでも是正しきれないような貧富の格差が、米国の分断と民主主義の機能低下をもたらしてしまっている。昨今、資本主義のダイナミズムを抑制するような議論が米国で盛んに行われているのには、このような背景があるのだろう。

欧州の場合、ある程度政府が関与して独占を許さず、雇用や社会保障を重視する「社会的資本主義」ともいえる形が北欧やドイツなどで見られる。

中国においては、所有の自由こそ国家による一定の制限があるものの、自由経済に近い形を採用することで「国家資本主義」の様相を呈《てい》している。

一方で日本では、戦後の経済復興の過程において経済全体が成長していたことから、「所有の自由」がもたらす個々人の競争にはあまりフォーカスが当たってこなかった。明確な方向性が存在するなかでは、皆が競い合わずに協力するということが最善の戦略であったのだろう。

今後日本の人口が減って経済成長が見込めない状況においては、個々人の競争を促すことによって経済を活性化させていかねばならない。しかし、年功序列、終身雇用、定期人事異動といった旧来システムのなかでは、どんなに優秀な人であったとしても健全な競争意識を維持することは難しい。

資本主義の功罪を議論する際に、日本でも米国に倣《なら》って行きすぎた資本主義のダイナミズムを抑制する「車のブレーキ」のような議論が行われることが多いが、そもそもの前提の違いをしっかりと認識するべきであろう。日本では精度の良いブレーキの前に、まずは資本主義を機能させる「エンジンの整備」が先決だ。この点については2章で考察していく。

図2 資本主義のベースは何か

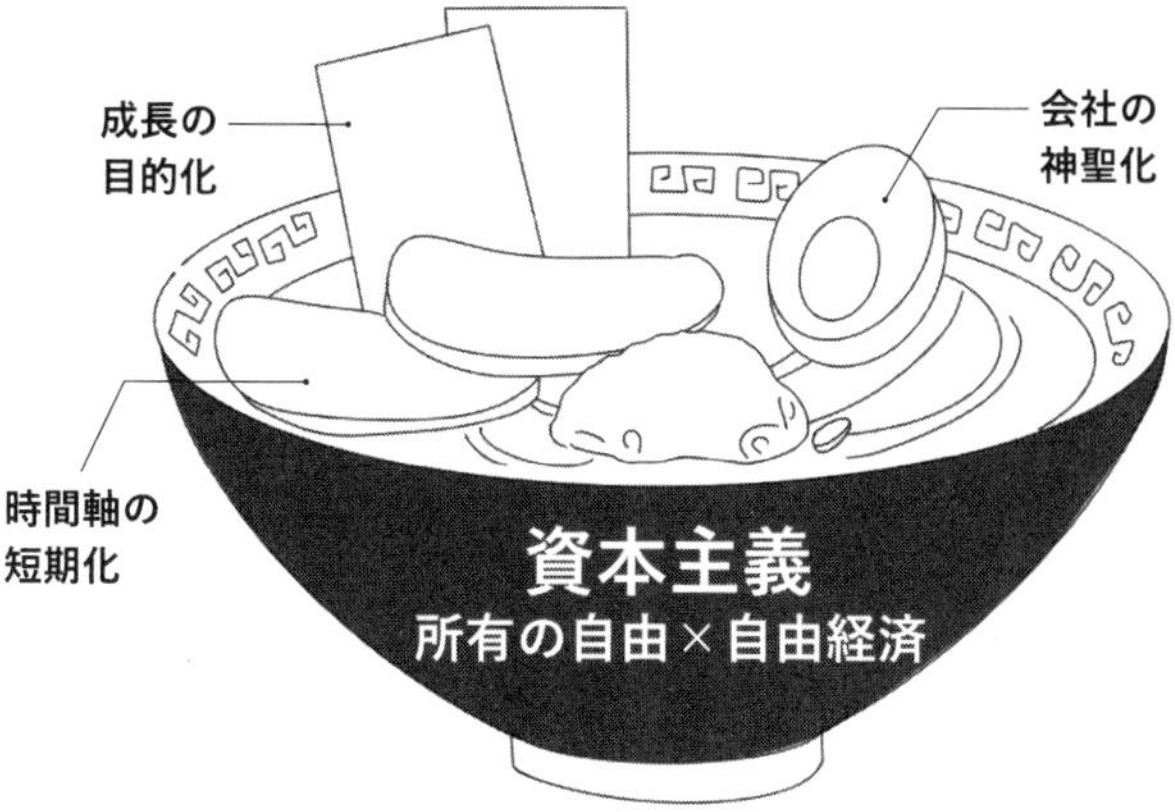

資本主義「ラーメン」説

このように、資本主義の根本原理（「所有の自由」×「自由経済」）の使い方によって、いろいろな形の資本主義があることがわかる。どちらにしても資本主義の根本原理は競争の増幅装置のようなものであり、そこにはなんの思想も存在していない。しかし、いつの間にか思想が備わってしまったという側面がある。

それが、**①成長の目的化、②会社の神聖化、③時間軸の短期化**だ（図2）。

資本主義はこれらの要素によって本当の姿が見えづらくなってしまっている。

あたかも（意図せずに）トッピングをたくさん載せられてしまって、元の味がわからなくなってしまったラーメンのような状態だ。よりおいしいラーメンを作り上げていくためには、まずはベースの味をしっかりと認識し、そこに（意図的に）適宜適切なトッピングを載せていく作業が必要になる。資本主義のベースが『所有の自由』×『自由経済』であるという理解のもと、それぞれのトッピングを精査してみたい。

トッピング① 成長の目的化

資本主義にかかわらずすべての経済システムの目的は、**持続可能な社会の構築を通じて人類の幸福に資すること**であると私は考えている。なぜならば、これまでに何度も経験してきた悲惨な争いを繰り返さないように、我々は経済システムと政治システムに関する試行錯誤を続けてきたのだから。

このような高尚な理念は頭では理解できるものの、実際のところは日々の生活に追われてしまい、そんなキレイごとを考えている暇がないというのが大多数の方の実状であろう。かくいう私もそのうちの一人なのだが、日常生活に忙殺されて本当の目的を見失わないようにするためには、定期的に本を読むなどして視座を上げるという不断の努力が必要となる。目的が壮大で日常生活とは遠いところにあればあるほど、「目的の曖昧化《あいまいか》」が起こってしまいやすい。

「目的の曖昧化」が進行したあとにやってくるのが、本来は目的ではない**「手段」の目的化**だ。「手段」は常に、「目的」よりも明確で身近に存在する。

では何が資本主義の「目的」の座を奪ってしまったかというと、「成長」ではなかろうか。我々が経済システムに関する試行錯誤を続けてきたなかで、独占や腐敗を防止しつつ、健全な競争を通じてイノベーションの創出を促す資本主義が大きな市民権を得た。その過程において**成長は「競争の副産物」**に過ぎなかったはずなのだが、成長が我々にもたらす高揚感や達成感によって、無限の成長が目的であるかのような錯覚をもたらしてしまったのだ。

この「成長の目的化」が、「Up or Out（成長か退場か）」のように我々を常に成長に駆り立てる社会的風潮を生み出してしまった。繰り返すようだが、けっしてこれは資本主義の本質ではないということを我々は理解しなければならない。**資本主義そのもの（「所有の自由」×「自由経済」）の問題ではなく、資本主義の使い方（副産物である「成長の目的化」）の問題なのだ。**

人間が高揚感や達成感に目がくらみ、本来の目的を忘れて一方向へ突き進んでしまうという状況は、特に目新しいことではない。古くは中国の「中庸《ちゅうよう》」という概念が表すように、人間は一方向に突き進んでしまいやすく、適度なバランスをとることは非常に難しいこととされてきた。数千年の時を経ようが、人間の本質は変わらない。

リーマン・ショックをはじめ、何度かの金融危機や地球環境問題、社会問題を目《ま》のあたりにして、誰もが「成長が目的ではない」と思っていたとしても、無限の成長を求めるかのような投資マネーは引き続き膨大に存在している。実際に自分の周りに存在する成長至上主義と相対《あいたい》すると「成長のため」の行動をとるしかない。「成長が目的ではない」に対して「総論賛成、各論反対」とならざるを得ないのだ。

アカデミックな世界では思ったことを自由に発言すればいいのかもしれないが、実体経済に組み込まれている我々は生活をしていくために、自分の本当の気持ちに気づかないふりをしなければならないことが頻繁にある。本章の冒頭で述べたように、本当のことを言ってしまうと「そんなやつは必要ない」ということになってしまいかねないのだ。特に米国企業の場合は、「成長が目的ではない」なんて口が裂けても言えないくらいの空気が濃厚に存在していた。

しかしそれは、しがらみから解放されて、客観的な視点を持つことができた瞬間に確信に変わるものだ。会社を辞めて完全な自由人となった私は、声高に叫ばせて頂きたい。「成長は目的ではない！」と。（ここだけ切り取ってしまうと意図がうまく伝わらないので補足しておくと、**適切な競争は必要である。競争の結果として副次的に成長があるべきということだ。**適度な競争はあるものの成長がない状態は「成熟」であり、これはこれで許容されるべきではないだろうか）

ここまでの話を整理すると、次のようになる。

資本主義の根本原理において**所有の自由**を認める
⇓ 人間の欲望を刺激して**競争**が促される
⇓ **副次的に成長が発生**する
⇓ 成長が我々に**高揚感や達成感**をもたらす
⇓ いつのまにか**成長が目的**となる

資本主義そのものではなく、**「成長の目的化」**が問題なのだ。

「成長の目的化」が起こって無限の成長を求めていった結果、地球環境や我々の社会が犠牲となり、経済活動が成り立たないような状況が目の前に迫ってきている。「足るを知る」という言葉は、欲望に目がくらんで本質を見失いがちな人間を戒《いまし》めようとして辿り着いた境地ではないかと、妄想せずにはいられない。

トッピング② 会社の神聖化

会社が「永遠の存在」は錯覚である

同じ志を共有する人たちが集まって会社という仕組みを活用すれば、個人では成し遂げられないような壮大な取り組みも成し遂げられるようになる。そして会社は社会に対して強大な影響力を持つようになった。複数ある会社形態のなかでも、より幅広く資金を調達できて規模が大きくなったのが「株式会社」だ。今後の議論では株式会社を前提としたい。

株式会社の起源は、17世紀初頭の東インド会社だといわれる。個人ではリスクが大きすぎる危険な航海をするために、株式を発行して多数の出資者（株主）から元手を集めた。そして無事航海を終えたら会社は解散して、財産をすべて株主に分配するという形式が存在していた。

株式会社においては出資者と経営者の役割が明確に分けられており、**経営者は出資者からのお金を預かって経営を任されている**。他人のお金を預かって利益を得たのだから、利益が出ればすべて出資者に分配するというのは当たり前の帰結であるし、そうでなければ誰も出資をしてくれなかったはずだ。

また、航海に失敗したら株式が紙くずになってしまうリスクと隣り合わせである株主は、**議決権という形で「経営に対して意思表明を行う権利」を付与された**。さすがに、「お金は出せ、でも口は出すな」では十分な資金が集まらなかったのだろう。

いまでも、株式を保有している人は1株につき1つの議決権を持ち、株主総会において経営に関する決めごとに対して、発言権を持つことが一般的だ（株式のなかには議決権がないものや、1株につき1議決権ではないものもあるが、ここでは割愛する）。

一方で、プロジェクトごとに会社が解散するという形式は消えていき、会社が継続して事業を運営するという方向に前提が変わっていった。企業会計の世界では「ゴーイング・コンサーン」という言葉がある。これは会社の財務諸表をつくる際に、**会社が将来にわたって事業継続していく前提に立つ**という考え方だ。

この「ゴーイング・コンサーン」は、1年という会計年度で企業の状況を報告するための便宜的なルールに過ぎなかった。しかしいつの間にか「会社が存続しないといけない」という錯覚につながってしまっている。

会社は巨大化して社会に対して凄まじい影響力を持つようになった。さらに会社には、我々人間が絶対に逃れることのできない「寿命による死」が存在しないことから、いつしか会社は「永遠に存続しなければならない貴重な存在」へと神聖化されていったのだ。

「まじめな社員による不正」は隠れた「あるある」

会社が「永遠に存在しなければならないもの」へと神聖化されていくと、「会社のために」という美名のもとに、個々人の幸福が搾取されていく光景が日常茶飯事となっていった。

たとえば、会社の利益を最大化するために安易に労働分配率（利益に占める人件費の割合）を下げて、従業員に対して十分な給料を支払わないようなケースだ。

図3は日本企業の規模別の労働分配率の推移だ。2008年度のリーマン・ショッ

図3 企業規模別の労働分配率（利益に占める人件費の割合）の推移

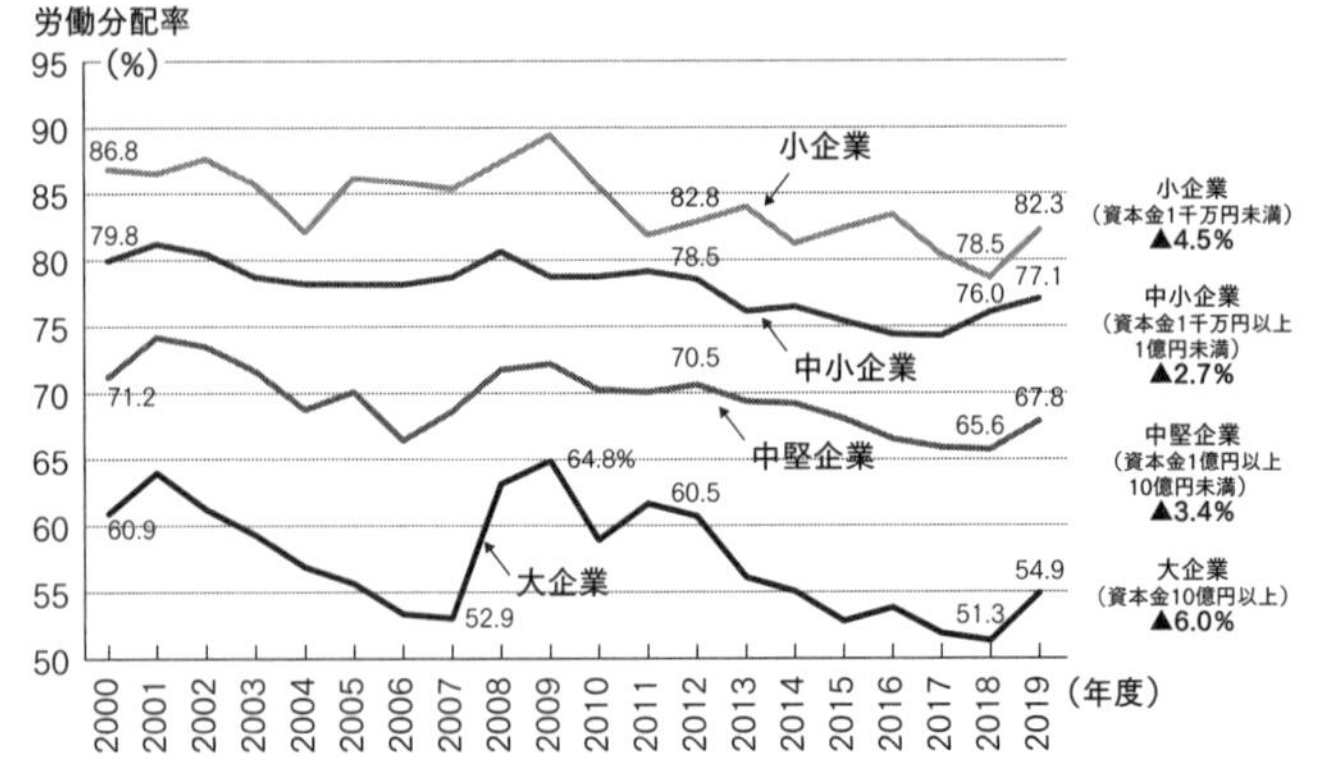

（注）労働分配率：付加価値額に占める人件費（従業員給与＋従業員賞与＋役員給与＋役員賞与＋福利厚生費）の割合。

（出所）内閣官房　新しい資本主義実現本部事務局「賃金・人的資本に関するデータ集」をもとに著者作成

ク時と、２０１９年度のコロナ禍で企業利益が急減したとき以外は、傾向として右肩下がりであることが見て取れるだろう。

我々に人生のサイクルがあるように、会社にもサイクルがある（「寿命による死」はともかく）。会社が壮年期を過ぎて活力を失い、本来の目的を見失って存在し続けることだけが目的となる「ゾンビ化」してしまっているケースがある。

存続することだけが目的となってしまうと、そのための行動によって社会に対して害悪をまき散らすかもしれない。

たとえば、「ゾンビ化」した企業がなんとか利益を確保しようとすると現場にしわ寄せが行き、最終的に従業員が不正に手を染めてしまう例は、隠れた「あるある」だ。真面目な従業員が会社を神聖化するあまり、「会社のために」「家族のために」という思いで結果的に不真面目なことをしてしまう。

日本においては、戦後復興を支えた間接金融（銀行が預金を集め、企業に貸し出す形態）から直接金融（企業が直接投資家から資金を集める形態）へ移行する過程で、長らく間接金融の担い手であった地域金融機関の動向が注目されている。

私は某地域金融機関の方とお話をした際に、年配の方が30代の行員に対して「俺たちの代は逃げきれたけど、お前たちの代は無理だよな〜」とおっしゃっているのを聞いたことがある。会社が存続することだけが目的となっていることは認識しながらも、時代に合わせた変化ができない。これが偽らざる実情なのだろう。

そのようにゾンビ化した企業は、いっそのことつぶれてしまった方が良いとも言える。
そうすると、その会社に固定されていた人材が放出される「人材ビッグバン」により、社会全体の活性化につながるというメリットもあるのだ。その昔、写真用フィルムの事業構造の転換ができずに倒産した米国のコダック社は、事業構造の転換を成し遂げた富士フイルムとの対比でよく語られるが、倒産＝悪とは限らない面もある。コダックの優秀な従業員は他の会社に吸収されていき、新しい環境で大きな活躍をしているのだ。ＧＳのように従業員の流動性が非常に高い会社も同様で、石を投げれば元ＧＳの人間にぶつかるといったくらいに、元従業員がいろいろな分野で活躍している。

会社というのはあくまで我々が使いこなすべき「仕組み」であって、我々が会社に振り回されてしまわないように、「所詮は会社」という醒《さ》めた第三者の視点を持っておくべきだろう。逆説的ではあるが、会社を客観的に見るからこそ結果的に会社と良い付き合いができる。そのような「個」の集団であれば、会社に本来の存在意義を思い出させることによって適切な事業ポートフォリオの転換を促し、ゾンビ化を防ぐことができる。

私の考え方は日本では過激だとみなされるだろう。日本の奇跡的な戦後復興が、会社と従業員の間の強い絆《きずな》があったからこそ成しえたという見方には、私も完全に同意だ。しかし、現状をしっかり見つめ直してみてほしい。経済の成長ステージを過ぎて人口が減っていく日本において産業を活性化させていくためには、適切な新陳代謝が必要であることは論をまたない。あえて厳しい言い方をすると、**「存在意義を失った会社は、どんどんつぶれるべき」**なのだ。

たとえば、伊勢神宮には式年遷宮《しきねんせんぐう》という習慣がある。20年に1度すべての建物を壊し、別の場所に新しい建物を作り変える。この儀式の背景には、神の勢いを瑞々《みずみず》しく保つ「常若《とこわか》の思想」があるそうだ。元来我々日本人は、そのような新陳代謝の発想を持っている国民であり、戦後復興の過程において会社の存続を絶対視する方が「一時的」なのかもしれない。しかしその期間が数十年にもおよぶと「常識」と化してしまう。より合理的な判断を下すためには、「愚者は経験に学び、賢者は歴史に学ぶ」という言葉を我々は肝に銘じておかねばならない。

トッピング③ 時間軸の短期化

先述の「Upfront」は、収益を前倒しして計上してしまうことを意味した。このUpfront化に対するプレッシャーがどこからきているのかを考えてみよう。

図4は「インベストメント・チェーン」とも呼ばれており、資本主義社会におけるお金の流れを表している。我々は労働の対価として給料をもらい、そのお金で衣食住に関するサービスを購入し、ときには投資をすることによってそのお金は企業に流れている。「金は天下の回りもの」とも言われるが、お金は回る間に大きくなって返ってくるので、「お金に旅をさせろ」というのは投資の基本的な概念でもある。

私を含め多くの人にとって「労働」と「消費」は身近な存在だと思うが、資本主義社会においてはもう1つ「資本市場」が存在する。**資本市場は、企業がより大きな課題に取り組むための資金を供給するという機能を持ち、**非常に重要な役割を担っている。

図4 インベストメント・チェーン

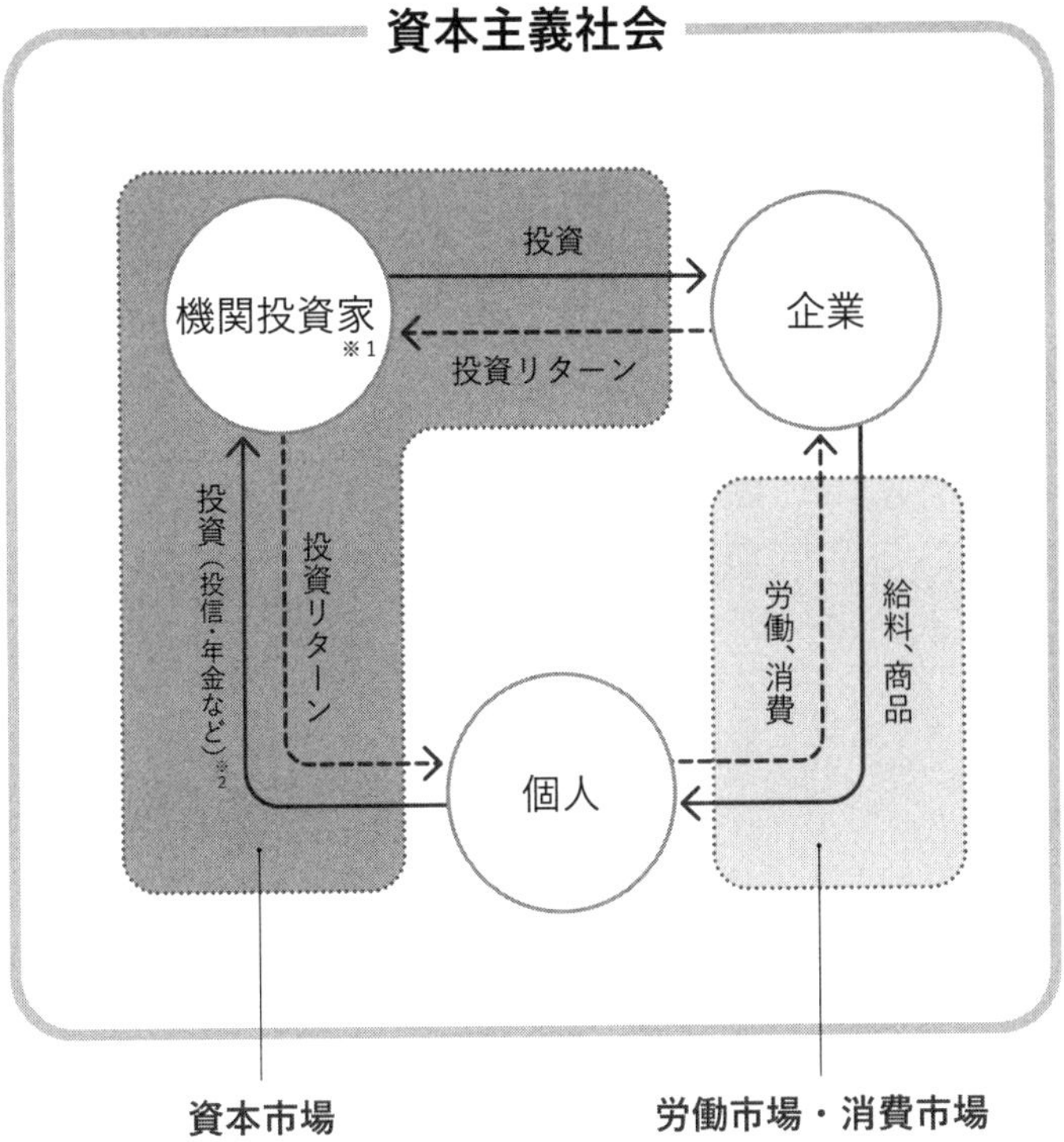

※1 機関投資家：他人から預かったお金、もしくは自己のお金を運用する主体。
運用する金額が非常に大きいために、企業に与える影響も必然的に大きくなる。

※2 投資（個人→機関投資家）：年金、生命保険、投資信託など。
機関投資家を経由せずに企業へ投資することも可能だが、この図では割愛。

一方で、短期目線の投資家たちの草刈り場と化している一面もある。「ロケット・サイエンティスト」と言われる、NASAでロケットを飛ばしていたような頭脳明晰《めいせき》な学者たちが、その英知を持ち込んで金融商品の値動きを数式で表現する金融工学を発展させ、お金儲けを競い合ってきたのだ。

この資本市場の中心には「証券取引所」がある。取引所における主な当事者は、資金を必要とする「上場企業」と資金を提供する「投資家」だ。

前節にて株式会社の説明をしたが、必ずしも「株式会社＝上場企業」というわけではない。というか上場している株式会社は全体の1％未満と圧倒的少数なのだ（図5）。しかし社会の不特定多数から資金を集めることができる上場企業の方が、傾向として会社の規模が大きく、社会に対するインパクトも必然と大きくなる。

「短期目線」が生まれた理由

株式会社は、四半期・1年と期間ごとに経営の状況を報告することが求められる。

図5 上場企業と未上場企業の割合

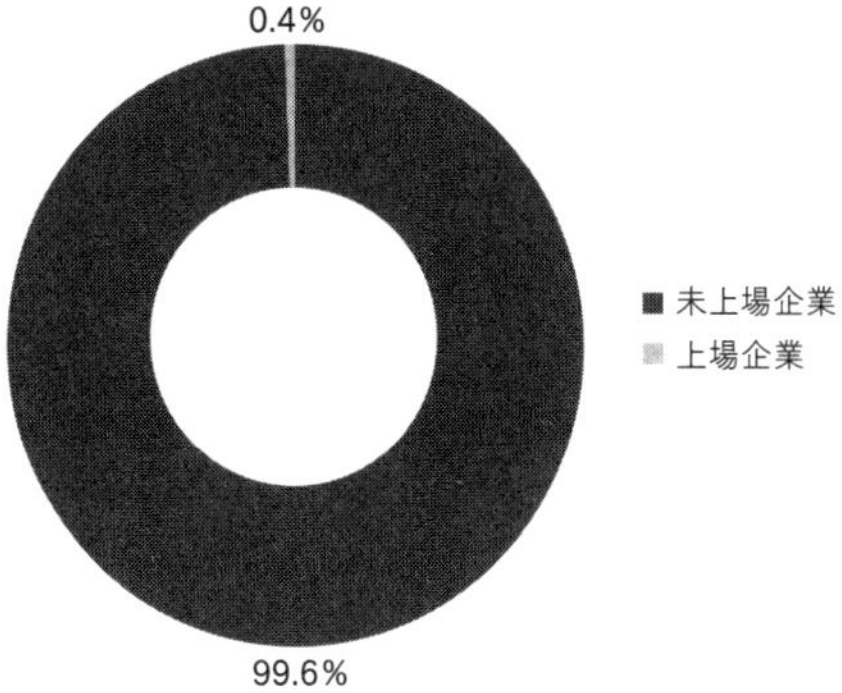

出所：国税庁と東証ホームページをもとに著者作成

そもそも1年という長さは、地球が太陽の周りを1周するというだけの期間であり、経済の営みの時間軸とはまったく関係がない。しかしわかりやすい期間で区切られた数字が出てくると、どうしても人はそこに目がいきがちになってしまう。四半期や1年ごとに出てくる数字を見て、「これが経営の前提とする時間軸なのだ」と勘違いしてしまうのは仕方のないことかもしれない。しかしそうすると経営の時間軸が本来あるべき時間軸よりも短くなってしまい、経営そのものがおかしくなってしまう。

私の実家近辺では素潜りでアワビを採

獲する漁が行われている。アワビは3年程度かけて成長し、食用に適したサイズとなる。それよりも早く捕獲してしまうと食べられる部分が十分に育っておらず、結果的に多くのアワビを捕獲する必要が出てくる。

この悪循環が行きすぎてしまうと、アワビを採り尽くしてしまうことになりかねない。そうなってしまわないように、漁業関係者の間では一定以上に育ったアワビでなければ捕獲してはいけないという取り決めが存在する。**アワビの成長サイクルが3年なのだから、人間もそれに合わせた行動をすべきなのは自明の理であろう。**

この取り決めは、利害関係を共有できる地元の漁業関係者の間では有効に機能する。しかし「**今だけ、自分だけ**」としか考えていない部外者が入ってきて小さいアワビを捕獲し始めると、我先にとアワビの成長サイクルを無視した乱獲競争が始まってしまう。いずれアワビが採れなくなってしまうことを皆が理解しながらも、人より先に動かないと負けてしまうという状況なのであれば、立ち止まることは考えられなくなる。行き着くところまで行ってしまうのだ。

これとまったく同じことが資本主義社会で起こっている。

いくら「自分が」適切な時間軸でものごとを考えていたとしても、それを短期的に刈り取った他者が評価されて、自分がはじき出されてしまうとなると、どうしても短期目線にならざるを得なくなってしまう。「短期目線」は、「プロセスよりも表面的な結果」が評価されることになって生まれたと言える。「成長の目的化」と「時間軸の短期化」はお互いに共振し合って、個人の力では到底抗《あらが》うことのできない強大な流れを作り出してしまうのだ。

リーマン・ショック前にとある経営者が「音楽が鳴っている間は踊り続けなければならない」と言ったそうだが、まさにこの状況を見事に言い当てている。皆、何かがおかしいとは思いながらも、自分の周りに存在する強大な流れに逆らうことはできず、やがて考えることを止めてひたすら踊り続けることを選択してしまったのだ。

この強大な流れに逆らうためには、自分がゲームからはじき出されてしまうことを覚悟しつつ適切な時間軸にこだわり続けるか、短期目線にさらされないように隔離された場所を用意するかのどちらかしか選択肢がない。

私の場合は前者のアプローチをとることとなったが、後者の事例として、時間軸が短期化してしまった資本市場を敬遠する動きも出てきている。これはどういうことだろうか？

上場を「選ばなかった」パタゴニア

パタゴニア社は、「地球を救うためにビジネスを営む」という理念に共感する若者世代を中心に、絶大な人気を誇っているアウトドアブランドだ。非上場企業でありいずれ取引所に上場するという観測もあった。しかし創業者のシュイナード氏は、取引所に上場してしまうと、短期的な利益を求めるプレッシャーに晒されることで自分たちが本来果たすべき責任が犠牲になってしまうと考えた。そこで2022年9月、上場を選択せずに、慈善財団に対して約4000億円の価値があると言われる保有株のほぼすべてを譲渡する選択をした。

この事象を目の当たりにして、私は自分の無力さを痛感した。「資本市場の番人」である証券会社で働いているにもかかわらず、その資本市場自体が社会から必要とされていないという厳然たる事実を突きつけられたのだから。薄々気づいていたことではあったが……。

本当に社会から必要とされていないのであれば、単に証券業界は消え去るべきだろう。しかしこれは、「成長の目的化」や「時間軸の短期化」が起こってしまった資本市場に問題があるということである。資金を必要とする上場企業と、資金を提供する投資家をつなぐ資本市場自体が必要とされていないわけではないはずだ。

資本市場が社会に必要とされる形に変わっていけるように、証券業界も変わっていけるかが問われている。

ビジネスの時間軸はこの2つで語れ

時間軸のものさしに関しても、私は定義をし直すことが必要だと考えている。世の中には四半期、1年、10年、短期、中期、長期と様々な時間軸が存在するが、私は**たった2つの時間軸**ですべてを語るべきだと思っている。それは、**そのものが持つ「固有の時間軸」**と、「**今**」の2つだ。

繰り返しになるが、「四半期」や「1年」は、単に地球が太陽の周りを1周する時間軸をベースとした期間にすぎない。一方で先ほどのアワビの事例では、アワビは3年という「固有の時間軸」を持っている。これを無視すると将来アワビはとれなくなるという話だ。

経営の世界においても、手掛けているビジネスごとに固有の時間軸が存在する。消費財であれば比較的短いだろうが、インフラの場合は数十年と非常に長い。「ビジネス固有の時間軸」を無視して画一的に「四半期」や「1年」で収益を求めることは、とてもナンセンスなことなのだ。

また、「今」というのは、対象が持つ「固有の時間軸」から逆算して、「今」この瞬間にどのような行動をとるかという考え方だ。アワビの例なら、「今、未熟なアワビを採らない」ために規制や罰則を強化して、「3年待つ」ための仕組みを整えることになるだろう。

この考え方はいわば「**逆算思考（バックキャスティング）**」だ。

今の延長でものごとを考える「積み上げ思考（フォアキャスティング）」の場合、

過去のしがらみに縛られてしまうことによって適切な変化を遂《と》げることができず、結果的に積み上げたものが本来目指すべき方向性とずれてしまいかねない。

たとえば日本では、いまだに「中期経営計画」が主流だが、これは3～5年後を見据えた積み上げ思考のことが多い。これは戦後復興の経済成長の過程ではよく機能した。しかし現代のように社会の価値観が大きく変わりつつあるなかでは、**企業が目指すべき姿を描き、そこから逆算思考によって「今」とるべき行動を判断するべきだ。**

そうすると、社会の価値観が変われば自らの行動も非連続に変わることになるが、そのように「コロコロ変わる」ことを恐れる必要はない。「君子は豹変《ひょうへん》す」と言われるように、即座に過ちを認めて方向修正ができる人が本当に有能な人なのだ（「君子は豹変す」は、君子がいきなり人が変わってびっくりしたという話ではなく、いつでも過ちを認めて変われる人こそが君子だという意味だ）。

私は、マハトマ・ガンジーが言ったとされる「**明日死ぬかのように生きよ。永遠に生きるかのように学べ**」という言葉が大好きで、座右の銘にもしている。

人は死を目前としたときに初めて、お金がなんの意味も持たず、「今だけ、自分だけ」という生き方が自分を幸せにしてくれないことに気づくのかもしれない。幸せな人生を送るために、私は「今だけ、自分だけ」ではなく、次世代のことまで見据えた目線を持ちつつも、日々を精一杯生きていきたい。ガンジーの言葉は、「時間軸の短期化」に陥ってしまわないように常に心掛けておきたい珠玉の言葉だと思う。

さてここまでの考察により、我々が所与のものと考えがちな資本主義という経済システムを「根本原理（ラーメンのベース）」と「後づけの思想（トッピング）」に因数分解をしてきた。特に「時間軸」は、自分にとっての幸せとは何かという問いにまでたどりつく重要な概念だ。

けっして資本主義の根本原理ではない「成長の目的化」と「時間軸の短期化」によって行き着いた先が、２００８年に起こった「リーマン・ショック」だった。
たとえ自分としては手掛けたくないビジネスであったとしても、自分がやらなければ他の誰かがやる。そして他の誰かが結果を出したら自分がはじき出されてしまう。成長を囃《はや》し立てる音楽が鳴り続けていた。

■ episode. 若手の解雇を目の前に

いまでこそ多少マシにはなったが、特に「リーマン・ショック」前の証券業界では、とにかく他人よりも抜きんでることが生存の必須条件であり、ビジネスの内容は二の次だった。「Up or Out（成長か退場か）」や「Upfront（先払い）」が強大な力を持つなかで、高さ100メートルの砂上の楼閣《ろうかく》の上にさらに増築を繰り返すようなことが業界全体で行われていった。

「発生確率は非常に低いが、発生したら甚大な被害をもたらす事象」は、「起こらないこと」として誰もが見ないふりをし、その前提で数多くの複雑な金融商品が次から次に作られていった。他社の商品のなかには「さすがにそれは、やり過ぎでは……」と思うような金融商品もあった。

だからと言って証券業界全体の大きな流れを私が止められるわけでもない。そのような金融商品は、実際にリーマン・ショック後に100億円単位の多大な損失を生じさせ、証券業界の至る所で訴訟が発生することにつながっていった。

とにかく「うまく踊った者が勝つ」状況において、天性の天邪鬼《あまのじゃく》である私は「何かがおかしい」という気持ちを捨て去ることができず、周りの人のように一心不乱に踊ることができなかった。オフィスの片隅で踊っているふりをしながら、「早くこの音楽が終わってくれ！」と願う日々であった。

このようにして高く積み上げられた砂上の楼閣《ろうかく》の崩壊スピードは非常に速かった。社会全体で資金の目詰まりが起こるなか、会計上の黒字もまったく関係なく、多くの企業が明日支払うお金を工面できるかどうかという瀬戸際に直面した。「今度はあの企業が危ない」という噂が立っただけで疑心暗鬼が増大し、皆が一斉にその企業との取引を制限して本当に危機的状況に陥ってしまう。こうした負の連鎖に、市場全体が怯えていた。

ロケット・サイエンティストたちが持ち込んだ金融工学も、このような局面ではまったく意味をなさなかった。金融工学には、人間の恐怖やパニックといった要素が考慮されていない。金融工学を使って計算すると1000年に1度しか起こらないような確率の事象が、3日に1回くらい起こっているような異常事態であった。

お金の流れが止まってしまうと、証券会社はひとたまりもない。米国第4位の証券会社であったリーマン・ブラザーズは破綻、第3位のメリル・リンチはバンク・オブ・アメリカに買収され、第2位のモルガン・スタンレーは日本の三菱UFJフィナンシャル・グループの出資を受けて急場を乗り切った。[3]

最大手であったGSの出方に注目が集まるなか、幸いGSはウォーレン・バフェットからの増資を取りつけることに成功して危機を乗り越えることができた。今は「リーマン・ショック」と呼ばれているあの金融危機が「ゴールドマン・ショック」と呼ばれることになっていたとしても、何ら不思議ではなかったといまでも思う。

GSは新たに発行する株式をバフェットに買ってもらうことによって最悪の危機を乗り越えた。しかし、株式の発行数が増えて1株あたりの利益が減ってしまう（希薄化という）形で株主に迷惑をかけているからには、会社側も相応の覚悟が必要となるのが米国流の資本主義の考え方だ。人が唯一の資産である証券会社において、これはすなわち人員削減を意味する。ざっと4人に1人が解雇されるような規模感で人員削減が行われ、当時私が所属していた4人の部署でもいちばんの若手が解雇の対象になった。次々にフロアから人が消えていくなか、GSはバフェットの投資を受けたことにより、「これで最悪期は脱した」という安心感によって株価だけは底を打ったかのように急回復していった。

「もしかしたらGSもつぶれてしまうかもしれない」という極度の緊張感のなかでのできごとだったため、人員削減はやむなしという思いはあった。もしリーマンのようにつぶれてしまったら、必然的に「全員削減」されてしまうのだから。しかし、実際に劇的な人員削減を目の当たりにして会社に対する忠誠心を持てずにいた私に対して、とある先輩が放った言葉をいまでもよく覚えている。

「GSというのはとても良い会社だよ。でもそれは、従業員にとってではなく株主にとってという意味だ。従業員への配分を減らしてでも株主利益を最大化することを求める株主に比べて、弱い立場にある従業員は、少しでも自社株を保有することで株主とのアンバランスを是正するしかないんだ」

たとえ従業員が株主利益を確保するための犠牲になったとしても、自分も株主となればその恩恵を享受でき、少しは報われるということだ。

企業を取り巻くステークホルダーは株主、従業員、顧客、地域社会などと数多く存在する。「成長の目的化」や「時間軸の短期化」が起こって株主の力が強くなってしまった資本主義をうまく使いこなしていくためには、**ステークホルダー間のバランスをとることが重要**であることを実体験として学んだできごとでもあった。

人間の欲望を刺激して競争を促し、適切な時間軸を持ってステークホルダー間のバランスをうまくとることができたならば、資本主義は本来の目的だと私の考える「人類の幸せ」に近づくことができるし、そうでなければ害悪をまき散らすことになる。

ここから、そのような資本主義の功罪を詳細に見てみたい。

1-2.
競争原理がすべてを動かす

「『所有の自由』×『自由経済』」を根本原理とする資本主義社会では、「成長の目的化」、「会社の神聖化」、「時間軸の短期化」が起こってしまっている。これによって我々の資本主義社会がどのような影響を受けてきたかを考察してみよう。これらについては、改めて議論する必要もないほど文献もあふれている。「何をいまさら」と思われる方は83ページまで読み飛ばしていただいて構わない。

まず最初に強調したいのは、資本主義がもたらす競争原理のおかげで、我々が大きな恩恵を受けることができたという厳然たる事実だ。寒い冬でも暖かい部屋で過ごすことができるし、日本にいながら世界中のおいしいものを食べることもできる。遠く離れた知り合いと簡単につながることもできるし、病気になってもたいていの場合は薬をもらって治すことができる。

これらは、他よりも良いサービスを提供することができれば自分の利益につながるというインセンティブ構造があったからこそ、その競争の過程でサービスの品質が研ぎ澄まされていった結果だ。当初は数年かかるといわれていた新型コロナウィルスのワクチンがあれだけの短期間でき上がったのも、早く効果的なワクチンを作った企業が莫大な利益を得ることができるという、資本主義がもたらす競争原理のなせる業であろう。実際にワクチンを開発したモデルナ社の株価は、コロナ禍の前後で10倍以上になった（コロナ禍に関しては世界的な非常事態だったこともあり、政府の関与が強かったという特徴もあるが）。

また、競争のまったくない世界を想像してみてほしい。我々を熱狂させるプロ野球もオリンピックも、もし勝敗や順位がつかないのであれば誰も見向きもしなくなるだろう。どれだけ努力をして何かを成し遂げたとしても、評価されることがなければ、生きる意義を感じることさえ困難かもしれない。適度な競争と適切な評価というのは、我々が人間らしく生きるうえで必須のスパイスなのだ。

このように資本主義の功績は十分すぎるほどに大きいのだが、昨今はそれを上回る弊害が目立つようになってきている。この弊害をいくつか見てみよう。

1．資本の暴走

「成長の目的化」が起こってしまった資本主義社会においては、巨大な投資マネーが利益の源泉を求めてさまよっている。

その過程で、分野によってはこれ以上の成長志向が人間社会に対して害悪をもたらす危険性がある。それにもかかわらず、利益を求める巨大な投資マネーが流れ込むことによって、けっして立ち止まることが許されず、越えてはいけない一線を越えてしまう「資本の暴走」が発生してしまう。

たとえばＡＩの分野は技術の進歩が非常に著しく、我々にとっても有益なことが多い。しかし多くの企業が競って生成系ＡＩを開発していくなかで、人間の尊厳がないがしろにされてしまわないか、はなはだ心許《もと》ない。ＡＩ研究の第一人者で元グーグル社のジェフリー・ヒントン氏は「**資本主義のシステムにおいて、競合他社がそれをやれば、同じことをやる以外に手はないということです**」と語っている。[4] 加速度的に技術が発展していくなか、本当に我々はＡＩを使いこなし続けることができるのだろうか。気がつけばいつの間にか、ＡＩに「使われて」しまっているかもしれない。

スマホやゲームが若者世代に与える悪影響も軽視できない。人間の脳の構造が研究され、ＳＮＳやゲームに中毒性をもたらすことも可能になっている。企業が倫理観を忘れ、単にＳＮＳ広告やゲームで利益を上げることだけを目的としたならば、無防備な若者たちを狙って中毒者を大量生産するというのがいちばん良い戦略となってしまうし、既にそれは起こっているようだ。寝る間も忘れてスマホに夢中になっている子どもたちの存在を知るにつけ、末恐ろしい気持ちになる。

「成長の目的化」によって、企業が倫理観を後回しにして利益を得ることに駆り立てられた結果、資本の暴走が加速している。資本主義の本来の目的、そして一人ひとりの人生の目的を再認識したいところだ。

2．格差拡大と民主主義の機能低下

会社の展開するビジネスが持つ「固有の時間軸」でものごとを考えれば、不確実な未来を信じて、しっかりと従業員に給料を支払って人に投資をしたほうが、最終的な利益を最大化できるはずだ。しかし時間軸の短期化が起こってしまった資本主義社会においては、短期目線の株主が「今だけ、自分だけ」という気持ちで利益を得ようとするがゆえに、給料はただの費用として削られてしまう。そうすると、その企業のビジネスは想定したようにはうまく伸びていかないという負の連鎖に陥る。

しかし短期目線の株主はそんなことはお構いなしに、また安易な利益を享受しようと他の企業に資金を移し替えていく。あたかも、畑を食い尽くしながら移動するイナゴさながらだ。**そして起こるのは「貧富の差の拡大」だ。従業員が貧しくなり、株主である資本家だけに富が集まってゆく。**

特にこの影響が顕著な米国では、上位1％の富裕層（そのほとんどは資本家であろう）が国全体の富の1／3を保有し、下位50％の世帯は数％程度しか保有していない。[5] なかには極度に生活が困窮している世帯もあろう。

これだけ貧富の差が拡大すると、一部の富裕層に対する嫉妬や怒りによって社会が不安定になるし、民主主義の機能低下にもつながってしまう。

皆が平等に1票を持って多数決でものごとを決めるとなると、その母集団の質が圧倒的に重要になってくる。衣食住さえも十分に確保できない人が大多数である母集団であったならば、どうだろう。彼らに対して社会全体の安定につながる長期的で合理的な投票行動を期待することは難しく、バラマキや問題の先送りなどの刹那《せつな》的で自己中心的な施策が支持されることになってしまうのだ。そうすると、**どんなに優秀な政治家であったとしても「国家百年の計」なんて言っていられなくなってしまう。**民主主義を有効に機能させるためには「分厚い中間層」をつくる必要があり、そのためには行きすぎた貧富の差の拡大を是正する「富の再分配機能」を強化する必要があるのだ。

このような観点から、2021年に経済協力開発機構（OECD）において法人税の最低税率を15％とする仕組みが大枠で合意されたことは注目に値する。これは世界中で起こっている、「法人税の引き下げによって、他国の企業を誘致する流れ」に歯止めをかける取り組みだ。とある国で海外企業から自国への投資を増やそうと思えば、いちばん簡単な方法は他国で税金を支払っている企業を、より低い税率をエサに自国に誘致することとなる。ここでのポイントは、誘致を促す国からするともともとは存在しなかった税収なのだから、海外企業に対してどれだけ低い税率を提示したところで懐《ふところ》が痛まない点だ（もちろん、もともとの自国企業からの税収に対する影響との兼ね合いではある）。

このような構図により世界中で税率の引き下げ競争が起こった。企業がより税率の低い国へ事業を移すことによって節税をし、**企業と投資家だけが富を蓄積して国の徴税能力が低下するという状況が発生してしまった。**

これは日本において、過度な返礼品を用意することでふるさと納税を取り合う構図にも酷似している。こちらももともとは存在しなかった税収なのだから、寄付金額の100％相当までの返礼品を用意したところで自分の懐は痛まない。しかしもともと「返礼品」などなしに集まっていた税金なのだから、国全体での徴税能力は落ちると言わざるを得ない。ふるさと納税の場合は総務省が乗り出して還元率に制限をかけることで鎮静化を図ったが、**誰も強制力を持てない（つまり総務省のようなまとめ役が存在しない）国家間の合意というのは非常に難しい。**世界中で国の徴税能力が低下し、富の再分配機能が低下すれば、さらなる格差につながってしまう。このような国家間の合意に関する動向は今後も要フォローだ。

3．環境問題は「国境を越えない」

そして、既に議論がし尽くされている感のある地球環境の問題にも触れないわけにはいかない。まず、我々が乗船させていただいている宇宙船地球号の歴史をさくっとおさらいしてみたい。

地球が誕生した約46億年前の大気は、二酸化炭素の量が非常に多かった。またオゾン層も存在しなかったために太陽からの紫外線が地上に降り注ぎ、生物が地上に住める状況ではなかった。やがて海に光合成をする生物が現れ、徐々に大気中の二酸化炭素が減少して酸素濃度が上昇し、オゾン層が形成されていく。

古生代（約5億4000万年前～2億5000万年前）に入り、徐々に気温が下がったことによって生物が陸上に進出し始める。同時期に陸上植物も大繁殖し、光合成を加速させる。光合成によって二酸化炭素を蓄えた陸上植物はやがて枯れて化石となり、石炭となった。その後やっと数百万年前から人類が登場したというのが、ざっくりとした流れだ（諸説ある）。

ここからわかるのは、我々人類が地上で生きていくための障害であった二酸化炭素を、地球が数十億年もかけて地中深くに閉じ込めてくれていたということだ。しかし我々人類は産業革命以降、**この二酸化炭素を石油や石炭の形でせっせと掘り起こしてエネルギーを取り出してきた。**これによって何が起こっているか、IPCC（気候変動に関する政府間パネル）がまとめた図6を見ていただきたい。

このグラフより、産業革命以降のたかだか200年程度で地球環境が劇的に変化していることが見てとれる。我々人類は資本主義を活用することで急速な経済成長を続けてきたのだが、そのあまりの力によって経済活動の土台である地球環境にまで多大な影響を与えてしまった。これらの環境問題の1つが、昨今我々が無視できなくなっている「気候変動」だ。

図6 世界平均気温の変化

1850～1900年を基準とした世界平均気温の変化

(a) 世界平均気温（10年平均）の変化
復元値（1～2000年）及び観測値（1850～2020年）

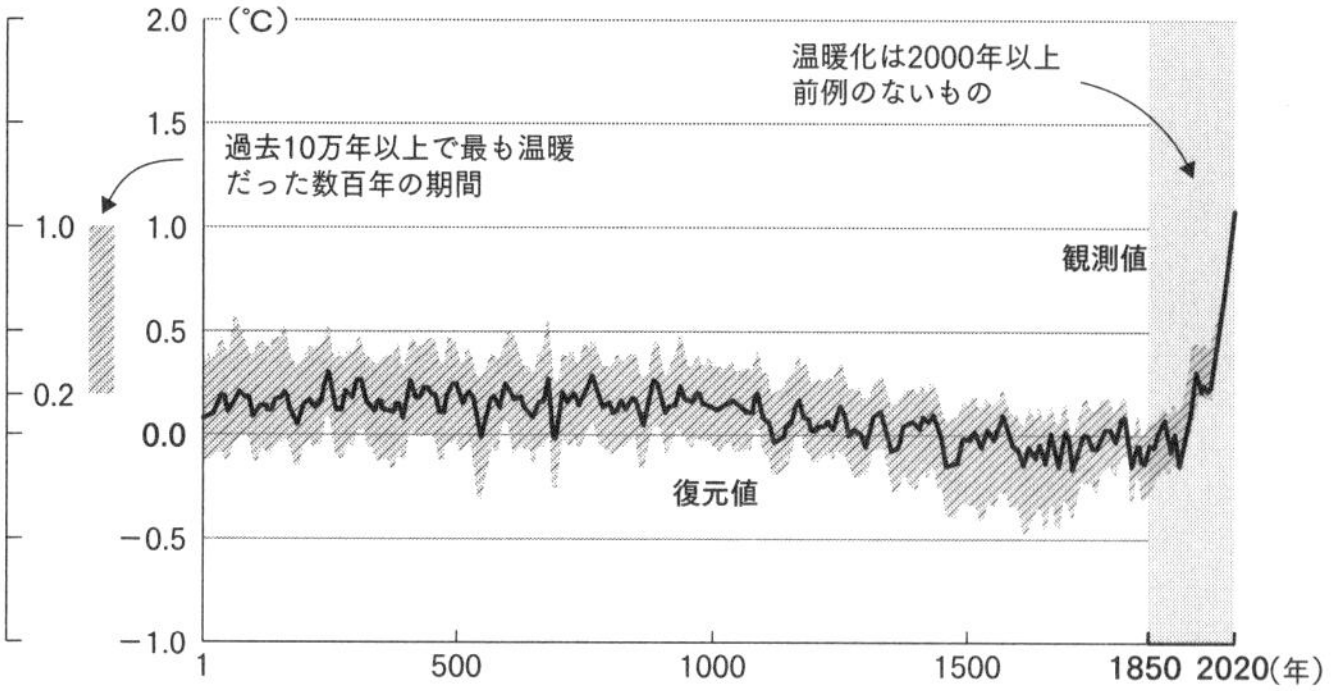

出所：IPCC第6次評価報告書第1作業部会報告書 政策決定者向け要約 暫定訳（文部科学省及び気象庁）

「キレイごと」より国益

成長を囃し立てる音楽が鳴り続けるなかでは、「短期的な成長」につながらない「地球環境を顧みる」という行為は非常に困難なことになってしまった。

この「短期的な成長」という言葉には注意が必要だ。本来、成長はものごとが持つ固有の時間軸で語らなければならないのだが（アワビの場合は3年）、**その時間軸を歪《ゆが》めて短期的な成長を求めた場合、それは実は成長ではなく「他者からの収奪」でしかない**（未熟なアワビを捕りつくしてしまうことは、将来世代からの収奪）。

たとえ「地球環境を顧みる」ための活動をしようとしても、短期的な成長（他者からの収奪）を成し遂げた人間が評価される資本主義社会のなかでは、その活動を続けることに非常な困難が伴う。一方で、資本主義社会から距離を置いてアカデミックな世界から理念を訴えかけたとしても、「短期的な成長」の妄想に振り回されてしまっている実体社会の人々にとっては、けっして自分の生活を楽にはしてくれない単なるキレイごととして黙殺されてきた。**どんな理念を伝えたところで、返ってくる質問は「で、それ儲かるの？」ということになってしまうのだ。**

ただ、「資本主義そのものは問題ではない」と言っても、これらを止めるシステムが内包されていないのであれば、「資本主義は問題」なのではないか？　この点についても後ほど考察してみたい。

地球環境問題に対する対応がなかなか進まない背景には、資本主義の問題だけでなく国家間の利害関係も影響している。２００程度の国が存在する「宇宙船地球号」においては、どうしても国家間の利害関係が対立し、**「キレイごと以前に国益」**の議論になってしまう。いわば「不公平感」だ。
産業革命以降、先進国は環境破壊を伴いながら発展してきた。それなのに、これから発展しようとしている新興国に対しても同様の環境対策を求めるとなると、新興国からしたら「先進国が自分たちのことを棚に上げて、新興国の発展を邪魔している」と不公平さを感じるのは自然な感情であろう。

とあるテレビ番組で、人間心理における不公平感に関する実験が行われていた。AさんとBさんの両者の合意があれば、両者ともにお金を受け取れるという実験だ。どちらか一方の合意がなければ、両者ともに受け取ることができない。
①AさんとBさんともに10万円受け取れる場合は、両者ともに喜んで受け取る
②Aさんに対して10万円、Bさんに対して7万円とすると、Bさんは渋々ながらも受け取ることに合意する
③Aさんに対して10万円、Bさんに対して5万円とすると、Bさんは受け取りを拒否する（結果的にAさんもBさんも何も受け取れない）

どのパターンにおいてもBさんは一方的にお金を受け取ることができるので、受け取りを拒否することにはまったく経済合理性がない。しかし、③の場合のように**他人が自分よりも大幅に得をするという不公平感が強い場合、自分のメリットを放棄してでも他人のメリットを阻止するという行動に出てしまう。**

このように不公平感というのは、「死なばもろとも」にもなりかねない非常に強力な負の感情なのだ。特に先進国と新興国の間の不公平感が渦巻く国際政治の場では、理念や経済合理性だけではものごとが進まないことを我々は理解しなければならないだろう。

ＥＳＧの台頭

２０１９年に日本で開催されたラグビーのワールドカップを覚えているだろうか。巨大な台風が日本列島を直撃したことにより、数試合が中止となった。いくらラグビーの技術を磨いたところで、そもそも試合が開催できなければ何の意味もないということを思い知らされた。一方で予選の日本対スコットランド戦は、もし中止になった場合は自動的に日本が決勝リーグに進出できるという後味が悪い展開だったのだが、関係者の方々の夜を徹した努力により奇跡的に開催することができた（私はこの時点で号泣）。日本は試合に勝ち、正々堂々と決勝リーグに進出することができた（ここで再度、号泣）。普通に試合が開催できるように、陰で支えてくれている方々の重要性を改めて認識したできごとであった。

これと同じで我々は、経済活動ができることをけっして当たり前とは考えず、そもそも経済活動を可能たらしめてくれている存在（つまり、地球や安定した社会）に対して目配りをし、我々自身も貢献しなければならない。

この問題に特に真剣なのが、将来世代だろう（この将来世代というのはいまの若者世代だけでなく、まだ地球上に生まれていない今後の世代も含む）。将来世代は我々の一挙手一投足を見ている。

このような価値観の変遷の過程で台頭してきたのが、ＥＳＧという概念だ（Environment〔環境〕、Society〔社会〕、Governance〔企業統治・コーポレートガバナンス〕の頭文字を取ったもの）。ＥＳＧ自体は２００６年に、当時の国連のアナン事務総長による「環境や社会、企業のガバナンスという要因が株価パフォーマンスに影響を与えうるので、投資家はＥＳＧを考慮すべきではないか」という問題提起から生まれた考え方だ。

当時はまだ一過性のブームとして認識されていたように思うが、２０１５年に国連でＳＤＧｓ（Sustainable Development Goals：持続可能な開発目標）が加盟国の全会一致で採択されたころから流れが変わった。

それまで、環境や社会に与える影響は企業のコストとしては認識されていなかったのだが、ＳＤＧｓの考え方が浸透していくにしたがって、企業を含むすべての当事者が責任を持って負担すべきコストであるという考え方が広まっていった。

わかりやすい事例で言うと、温室効果のある二酸化炭素の排出だ。これまではどれだけ二酸化炭素を排出しても企業がコストを負担することはなかったのだが、今後は何かしらの形で負担することが求められるようになるだろう。会計上は利益が出ているように見えても、二酸化炭素の排出にかかるコストを考慮すると実は赤字だったということも十分に起こりえる。これは、利益の概念そのものが変わるパラダイムシフトだ。

しかし、このような劇的なパラダイムシフトを前にするとどうしても思考停止に陥ってしまいがちだ。「ＳＤＧｓは政府がやるべきこと」だと決めつけたり、ＥＳＧという言葉を使うだけで満足してしまったりしている人が非常に多い。

特に米国では、「ＥＳＧは政治問題であり、経済の問題ではない」とする論調があり、政権の動向次第でスタンスが大きく変わる可能性がある。これはもはや思想の世界なので正解があるわけではないが、私は「政治だけでは無理だ」と考えている。環境問題や社会問題はけっして一国だけの話ではなくグローバルに密接に関わり合っているのだから、一国の政治で対応できることには自《おの》ずと限界がある。もし政治で解決できるとしたらそれは、地球上の国境をすべてなくして世界政府を樹立できたときだけだろう。

ここ数年、ＥＳＧの本質的な意義が議論されないままに言葉だけがひとり歩きし、アンチＥＳＧと呼ばれる人も増えてきている。そのうちＥＳＧという言葉も死語となるかもしれない。持続可能な社会を構築するためには、グローバルに、そして一人ひとりが経済活動のなかに**「持続可能性への責任」というESGの概念**を取り込んでいくしか方法がない。現実を真摯に受け止めたうえで、あとは個々人が「どう生きるのか」という判断に委《ゆだ》ねるしかないのだろう。我々はもっと哲学的にＥＳＧを解釈すべきだ。

私の場合は、将来世代から「なぜこんな世界に、私たちは生まれてきたの？」と言われてしまわないように、できる限《かぎ》りのことはしようと思っている。

薬も過ぎれば「毒」になる

ここまで、資本主義の弊害を数多くみてきた。これらは、資本主義の「使い方」を考慮することなく、皆が欲望のままに行動をしてきたことの結果だろう。薬であっても使い方を間違えば毒になるように、そのものが持つ性質と使い方は常にセットで考えなければならない。資本主義という経済システムも、それ自体が完璧な答えを与えてくれるものではなく、我々が意志を持って使いこなすべきものだ。我々は、人類社会の幸福のために資本主義を使いこなすという覚悟を持たなければならない。

しかし、資本主義社会において「短期的な成長」という亡霊に追い回されている我々にとっては、単なる美しい理念のために時間を割くことは容易ではない。その理念の先には経済的なメリットがちゃんと存在し、実際にそれを体現している人がいるということを見せつけない限り、誰も積極的に行動しようとはしない。

「儲ける」か、「儲かる」か

無秩序な経済活動に警鐘を鳴らす言葉は数多くあるが、ここでは二宮尊徳（薪を背負いながら本を読んでいる銅像が日本中にある、あの二宮金次郎のことだ）の言葉を引用しておく。

「道徳なき経済は犯罪であり、経済なき道徳は寝言である」

そうするとSDGsの意図するところは、「資本主義を使いこなして、道徳のある経済を達成しよう」ということではなかろうか。もう少しくだけた言い方をすると、**「社会のためになることを、儲かるようにしてみせる」**ということだ。

ここで重要なのは、**「社会のためになることをする」**ことと、**「利益を得る」という ことの「順番」**だ。

手段にはこだわらず、まずは利益を得たあとに慈善事業を始める人は世の中にたくさんいるだろう。もちろん、これはこれで非常に素晴らしいことなのだが、社会のためになることをひたむきに貫き通し、「結果的に利益を得ることができるようになった人」とは明確に区別すべきだと私は考えている。

なぜならば、後者の方がより多くの人の共感を生み出し、パタゴニア社のようにロイヤリティの高い顧客を数多く獲得することができるはずだからだ。ロイヤリティの高い顧客は、企業が大変なときにも支え続けてくれる非常に重要なパートナーとなり、結果的にそのような会社はどんな荒波も乗り越えて社会を変えるような大きなインパクトを残すことができるはずだ。

前者の場合は**「儲ける」**ということだが、後者の場合は**「結果的に儲かる」**ということでもある。「儲けて」いる場合は、もっと利益を減らして値下げしてくれという交渉や、顧客が他社へ逃げてしまうということが起こりえる。しかし「結果的に儲かる」場合は、「それだけの価値があるので、喜んで対価を払います」という状況をつくれているということであり、両者には持続可能性の観点で大きな違いがある。

「成長の目的化」や「時間軸の短期化」が起こってしまった資本主義による凄まじい力によって、環境問題や社会問題が限界に近づいている現状を変えるためには、「**社会のためになることを、儲かるようにしてみせる**」という順番にこだわり、資本主義を使いこなさねばならない。

資本主義の外でいくら道徳を叫んだとしても、経済が伴っていなければ寝言でしかない。これはけっして簡単な取り組みではないし、個人や一企業のレベルで達成できるようなことでもない。同じ志を共有できる人を増やしていき、世の中の流れそのものを根底から変えていくという不断の努力が求められる取り組みなのだ。これは、私が資本主義のど真ん中で闘い続けるにあたっての矜持《きょうじ》でもあった。

■ episode. 自ら「成長至上主義の歯車」を回すとき

成長至上主義に一人疑問を抱いていたころ、国連への転職を模索したことがある。**「世の中のためになる＝国際機関」という安易な発想で話を聞いてみたのだが、どうもイメージが合わない。**理念は共感できるのだが、やはり民間企業のような活力が感じられないのだ。

ある人は、「数字で評価されない組織だから、民間企業と比べても社内政治が大変ですよ」と醒《さ》めた顔で話をしてくれた。

国際機関のように「世のため、人のため」という高尚な理念を持っていたとしても、「で、それ儲かるの?」と聞かれてしまう資本主義社会においてはただのキレイごととして片づけられてしまうかもしれない。もちろん高尚な理念を持ち、実際に多額の資金を集めて人道支援や経済発展に寄与することは非常に尊いことではある。しかしたとえ国連に転職したとしても、社会の「流れ」を大きく変えるような仕事ができるイメージを持つことができず、私の転職熱は次第に冷めていった。

リーマン・ショックの危機的状況を脱した金融機関は、資金繰りの急激な悪化によって倒産に追い込まれそうになった教訓を生かそうとした。大量の現金相当物を手元に確保することで、「二度とリーマン・ショックのようなことは起こらないだろう」と胸を張った。しかし米国の作家マーク・トウェインいわく「歴史は繰り返さないが、韻を踏む」。たとえリーマン・ショックと同じような金融危機が発生する可能性は低くても、また形を変えて金融危機が発生するのではないだろうか。不穏な気持ちを抱えながらも、リーマン・ショック後の経済回復の過程でまた業務に忙殺される日々が戻ってきた。

とにもかくにも、成長を囃し立てる音楽は鳴りやんだかのように見えた。過去を検証したうえで、やっと「持続可能な社会を構築するために資本主義を見直すことができるようになる」という淡い期待を私は抱いていた。しかしそのような期待は徐々に打ち砕かれていった。またあの音楽が遠くから聞こえ始めたのだ。

実際にリーマン・ショックを社会人として経験していない人が増えるにつれて、それは実感の伴わない「テレビや新聞で見たニュース」へと変わっていった。たとえリーマン・ショックが起こったという事実は知っていたとしても、その根底にある潮流に対する深い洞察がなければ、知らず知らずのうちに同じ過ちを犯してしまいかねない。「人間が歴史から学んだことは、いかに人間が歴史から学ばないかということだ」と指摘した「投資の神様」ウォーレン・バフェットの慧眼《けいがん》には感服するほかない。

リーマン・ショックから数年が経ち、私のキャリアも10年近くになってきたタイミングで心境に変化が出てきた（外資系証券業界で10年選手というのは、一人のプレイヤーとして厳しく収益性を問われるベテランの扱いをされる）。それまでは日々の業務に忙殺されてものごとを深く考えることができなかったのだが、ようやく自分で仕事をコントロールできるようになり、資本市場で起こっていることを冷静に分析する余裕が出てきたのだ。

それまで短期的な収益プレッシャーをかけてくる上層部に対する反骨心を持ってい

たのだが、どうも彼らも私と同じようにさらなる上層部から同様のプレッシャーを受けていることに気がついた。では、短期的な収益プレッシャーの根源は社長なのかというと、どうもそうでもない。社長は社長で、株主からのプレッシャーを受けているのだ。

じゃあ株主とはいったい誰だ!?と考えたときにふと気がついた。私もGSの株を保有している株主の1人なのだ！　GSの従業員であるだけではなく株主としての側面も持つ私が「自分がいま儲かれば、それで良い」というスタンスで株式を持っていたとすると、その思いが回りまわって従業員としての私を、短期的な収益プレッシャーに悩ませることになる。「天に唾を吐く」行為だったのだ。

この気づきによって私は、機能不全を起こし始めている**資本主義社会を変えるためには、**特定の誰かを敵視するのではなく、**お金の流れそのものを変えていく必要があると学んだ。**いわば、「罪を憎んで人を憎まず」ということだ。その人たちが置かれたインセンティブ構造に目を凝《こ》らし、仕組みそのものを変えていけば、人は自《おの》ずと変わっていくはずだ。

そのためには資本主義社会の外から批評家的に道徳を論ずるのではなく、資本主義社会のど真ん中に身を置きながらも、道徳を経済に昇華してみせることが必要になる。口で言うだけではなく実際にやって見せない限り、人は積極的に行動しようとはしないのだ。「**ゲームのルールを変えられるのは、ゲームの勝者だけ**」ということだ。どこまでできるかはわからないが、少なくとも私が奮闘《ふんとう》し続ける姿を見せることで、社会の流れを変えるための一石を投じられるのではないだろうか。

一方で、その困難さが想像を絶するものであることも容易に理解できた。「Up or Out」や「Upfront」の風潮がいまだに色濃く残るなかでは、長期的かつ壮大な取り組みが会社から評価される可能性は低く、いつ「Out」（退場）になるかもしれない危険と隣り合わせとならざるを得ない。その困難さゆえに覚悟を決めることを逡巡《しゅんじゅん》していたころ、2001年のニューヨークでのできごとが蘇《よみがえ》ってきた。

2

お金の流れを根本から変える

■episode. 悪夢の長い階段

２００１年、新入社員研修中のニューヨークに時計の針を戻そう。ある朝、トレーディング・フロアが急にざわつき始めた。多くの人が立ち上がって、モニターに流れるニュースを凝視しているのだ。そこに映っていたのは、ワールド・トレード・センター（ＷＴＣ）の上層部からもくもくとあがる黒煙であった。その時点では何が起こっているかまったく理解できなかったが、フロアの人たちの会話を聞くと、「どうも飛行機がぶつかったらしい」ということがかろうじて理解できた。

その日の研修は急遽中止となり、手持ち無沙汰になった我々新入社員は、何が起きているのか自分の目で確かめようと、何人かで連れ立って研修場所であるオフィスビルの上層階に向かった。そこでは周りに遮《さえぎ》るものがまったくなく、黒い煙を上げているＷＴＣが眼前に見える状況だった。まだ何が起こっているかを理解できていない我々は、その光景をガラス越しに見ながらいろいろな推測をしていた。そうしているうちに、遠くから飛行機が飛んできているのを見つけた。

「まさか……」という悪い予感はすぐに現実となった。その飛行機はみるみるうちにWTCに近づいていき、我々は何かの映画の1シーンでも見ているかのような感覚に陥りながら、その光景を見るともなく見ていた。次に何をすべきかが理解できないままに呆然としていると、周りから「テロだ！　逃げろ！」という叫び声が聞こえてきて、やっと我に返った。オフィスビルの上層階にいた我々は、とにかく早く地上に降りて安全な場所に避難しないといけない。既にエレベーターが使えない状況であったため、非常階段を使って地上まで降りるしかない。「もしかしたら、このビルにも飛行機が……」という不安を押し殺しながら長い階段を降り続けるのは、永遠とも思えるような時間だった。

地上まで無事に降りることができたら今度は、「とにかく北へ向かえ」とのこと。一目散に北へ向かいながらも後ろを振り向いてみると、WTCから人が飛び降りているのが見えた。高層階で火災が発生しているなかで逃げ場を失い、飛び降りた方が楽《らく》だという判断だったのだろう。一人、また一人と飛び降りる影を尻目にとにかく北へ向かっていると、今度は凄まじい音を立てながらWTCは崩壊していった。そこには生と死が瞬間的に交錯する、異様な光景が広がっていた。

その後なんとか滞在先のホテルまで戻ったものの、これがまたエンパイア・ステート・ビルディングの隣に位置するホテルであったため、次はエンパイアが狙われるという噂が流れて一睡もできない。実際、夜中に非常ベルが鳴って「爆弾が仕掛けられたから、逃げろ!」と言われ、マディソン・スクエア・ガーデンまで走って避難することになった。

それから1週間、我々はマンハッタンに缶詰め状態になったあとに、日本に帰ってくることができた。9・11を経験した私は、生命には終わりがあるということを改めて強く意識し、人生最期《さいご》のときから逆算していま何を成すべきかを考えるようになっていった。このNYでの経験が、後に「社会の流れを変える」という私の覚悟を後押ししてくれたことは間違いないだろう。

また、何かしらヒントを得ようと思っていろいろな本を読んでいたなかで、西郷隆盛が言ったとされる言葉も私の背中を押してくれた。

「命もいらず、名もいらず、官位も金もいらぬ人は、仕末に困るもの也《なり》。
此《こ》の仕末に困る人ならでは、艱難《かんなん》を共にして国家の大業《たいぎょう》は成し得られぬ也」

中途半端に自分の利益や生活のことを考えていたら、結局は何も成せない。目先の私利私欲を可能な限り排除し、純粋に自分の志のために行動する人は誰も止めることができず、結果的に大業を成せる可能性が出てくるということなのだ。

そのころの私は、昇給や昇進などの要望を一切会社側に伝えないようにしていた。会社側に要望をするということは逆に会社側からも要望をされるということでもあり、自分のやりたいことをやり続けるうえでは障害となってしまう。この西郷隆盛の言葉に出会って私は「我が意を得たり!」と膝を叩いたのだった。

■「キレイごと」追求のための、1000億円超の案件

このようにして私はリーマン・ショック後に徐々に覚悟を固めつつ、いつクビになっても良いように環境を整えていった。

第一はとにかく生活コストを上げないことだ。生活コストが高止まりしてしまうと、会社をクビになることを恐れて本当に自分がやりたいことができなくなってしまう。特に教育費は将来的に下げることが非常に難しい部類に入るので、子どもたちには公立の小学校に通ってもらうことにした。これは単に高価な教育を与えるよりも、父親が社会のために必死で努力をしている姿を見せる方が結果的に良い教育になるはずだという私の信念であったし、真っすぐな父親の背中を見て育った私の実体験でもあった。

また、時間さえあれば本を読んだり社外のネットワークを広げたりすることで、自分の市場価値を高めることにまい進した。自分の市場価値を高めることができれば、結果として会社の看板を使わせてもらいながら自分がやりたいことができるようになるはずなのだ。

そうすると、少しずつ会社との方向性にズレが生じてくることになる。GSにおいては360度評価という人事評価システムがあり、仕事で関係する人から匿名で評価をされる。このころの評価で印象的だったのが「He is too nice」というコメントだった。これはGSにおいてはけっして誉め言葉ではなく、「お人好《ひとよ》し過ぎて、使えないやつ」というニュアンスだ。しかし私は意に介さず、「お人好しも、とことん極めればオンリーワンとしての価値が出るはずだ」とひらき直るのだった。

自分にとって意義が感じられないビジネスからは少しずつ距離を置き、たとえ足元の利益が見通せなくても「社会のためになる」と信じられることをビジネスに昇華させるべく、活動を始めていった。

しかしGSが営利企業である以上は、最初から大きな社会課題に取り組めるわけはない。ある程度は既存のビジネスによって結果を出し、会社内での発言力を強化しつつ、少しずつ長期的な課題に挑戦していかねばならない。この時間軸に関する塩梅《あんばい》を間違えてしまうと即座にゲーム・オーバーになってしまうので、細心の注意が必要となるところだ。証券会社での経験が10年にもなっていた私は、そのルールを嫌というほど叩きこまれていた。

毎年結果を出し続けなければすぐにゲーム・オーバーとなる闘いのなかで、新しい事業を始めることはけっして簡単ではない。既存のビジネスによってある程度の利益を確保しながら、新しい事業を時間をかけて育てていかなければならないのだ。最初の試練は2012年に訪れた。

私はリーマン・ショック前、株式に関連する運用商品の組成を主に担当していた。しかし、あまり金融教育がなされてこなかった日本で運用商品を組成することの限界を感じていた。商品どうこうの前に、まずはしっかりとした金融教育をする必要があるはずなのだ。

しかし当時の私にはまだ、非常に長い時間を要する「教育」にまで手を広げる余力はなく、他の分野でもう少し利益につながりやすいやり方を模索していた。そして2012年には、日本の金融機関がアジア展開を加速するなかで、日本の金融機関向けにアジア企業の与信を提供するという新規ビジネスを展開していた。ビジネス自体は順調に伸びていたものの、会社の求める収益水準とはまだ乖離《かいり》があり、このままの状態が続くと年を越せるかどうかが微妙な状況となっていた。

私は常々、仕事の成果は「センスと努力と時の運」次第だと考えているのだが、たとえセンスを持って世の中の潮流を読み切り、そこに対して全力で努力をしたとしても、最後の最後でどうしても「時の運」という要素に左右されてしまう。そのときの私はビジネスの方向性はけっして間違えていないという自信があったのだが、市場やお客様のある話なので、自分ではコントロールできない要素が多分に存在する。まさに神頼みという状況であり、私は明治神宮の「清正井《きよまさのいど》」の写真を携帯の待ち受け画面にしていたくらいだ。

いつクビになるかわからない緊張感と日々向き合いながら、2012年の年末が近づいてきた。そこに「清正井《きよまさのいど》」の効果がとうとう現れた。私が展開していたビジネスの延長で、1000億円超の案件を手掛けることができたのだ。これは逆転満塁ホームランかのように、2012年のDeal of the Year（「その年の最も良い案件」）にも選出されることになった。

この案件前の数ヶ月間はジェットコースターのような激動の市場環境であったし、案件の規模も意味合いも非常に大きかった。ほぼ24時間飲まず食わずでぶっ続けで働き、気がつけばその間にデスクを離れたのはトイレに3回行っただけだったということともあった。過酷な環境ではあったが、もし私に何かがあったら確実に案件がとん挫することがわかっていたため、けっして倒れるわけにはいかない。「死んだら負けだ」と自分に言い聞かせながら、責任感だけで体力の限界を乗り越えていった。

とにもかくにも、この案件があと少し遅ければ私はこの時点でクビになり、私の挑戦は2012年で早々に終わっていたかもしれない。清正井《きよまさのいど》、ありがとう。

会社との関係を優位にすることができた私は、社内での発言力も増し、もっと長期的で困難な課題に取り組める準備が整った。このビジネスには一旦区切りをつけて、次の勝負をかける分野を模索していった。「Up or Out」の世界で生き抜いていくためには、終わった案件のことはさっさと忘れて、そこで獲得した信頼を使って、さらに大きなことを仕掛けていくという攻めの姿勢を忘れてはならない。

2-1. 日本の資本市場のボトルネックは「忖度《そんたく》」文化

上場という「重い十字架」を背負う覚悟はあるか

ここで、私の闘いの舞台でもある資本市場に関する詳細な説明を加えておきたい。企業は資本市場を活用し、株式や債券の発行により資金を調達することでより大きな取り組みができるようになる。**その資本市場におけるいちばん重要な概念は「信頼」だ。**

自分自身で投資をしている人はあまり多くないかもしれないが、我々が将来もらうことになる年金や保険の原資は株式や債券などに投資されており、実は皆何かしらの形で資本市場に携わっている。

図7 資本市場の全体図

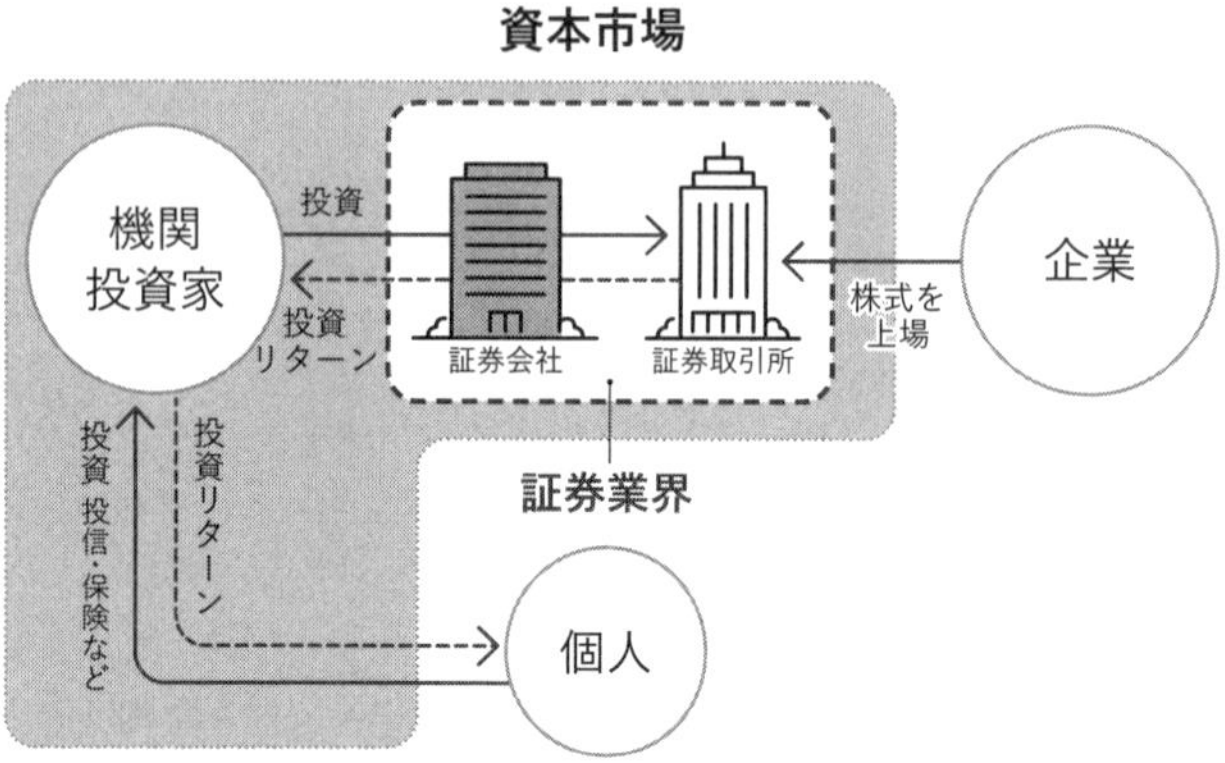

1章にて、資本市場の中心に位置するのが「証券取引所」であり（図7）、取引所における重要な参加者が「上場企業」と「投資家」だと書いた。ここではまず「上場企業」に関して詳細な考察を加えてみよう。

そもそも「株式会社が取引所に上場する」ことは何を意味しているのだろうか。ネットで検索をしてみると、「取引所で株式が売買されるようになることで会社はお金をたくさん集めることができ、信頼も高まるのでビジネスがしやすくなる」という主旨の記載が見つかるのだが、確かにこれは間違いではないだろう。かといって本質をすべて網羅しているようでもない。

資本主義の根本原理に「所有の自由」があるという話は何度もしてきた。つまり元手となる資金を株式の形で企業に提供する株主は、企業経営から得られるリターンを所有することができる。一方で、経営が上手くいかなかった場合には元手が吹っ飛んでしまう危険と直面することになる。

そのような株主の不安を和らげるためには、経営者は経営に対してあれこれと口を出される覚悟をしなければならない。

たとえば友達から「100万円貸してくれ。でも一切口は出さないでほしい」と言われて、お金を貸すだろうか？　本当に返してくれるのかどうか心配になるのが当然だろう。使い道の報告を受けたり、返済の見通しについて口出しをしたりできないのであれば、貸さないほうが賢明というものだ。

経営者からすると、もし自分自身ですべての元手を出すことができれば誰にも何も言われずに経営ができるので、とてもやりやすいはずだ。しかし実際には自分の元手が限られるケースがほとんどであろうから、他人の元手に頼らなければ大きなビジネスを手掛けることはできない。

たとえば飲食店の場合、1店であれば家族だけでなんとか切り盛りできてしまう。しかし、他社に負けてしまわないように急いで全国にチェーン展開しようと思えば、店舗を作ったり人を雇ったりするための莫大な投資資金が必要となり、他人の元手に頼らざるを得なくなる。その場合には、損をしないかと心配になる株主の気持ちと向き合い、信頼を勝ち取り続けるという努力が必要となってくるのだ。信頼を失ってしまったら、すぐに元手は引き上げられてしまうかもしれないのだから。

株式会社が上場していない場合は、元手の出し手の数が限られているため、信頼を獲得するにあたって顔が見える相手だけと向き合えばよい。

ここで、もっと大きなビジネスを手掛けたいと願い、不特定多数から元手を出してもらうという選択をしたらどうだろうか。これが「株式を取引所に上場する」ということなのだ。これまでは顔の見える人たちからの信頼だけで済んでいたものが、顔の見えない不特定多数からの信頼を獲得し続けなければならないことになる。

さらには株式が日々取引所で取引されるため、時々刻々と株主構成が変わっていく。「いつでも誰でも株主になることができる」という状況のなかで、顔の見えない株主からの信頼を獲得し続けることは非常に困難なことである。上場を選択するとはこのような重い十字架を背負うということなのだ。

このように上場企業というのは、不特定多数の株主からの期待に応えて信頼を勝ち取り続けるという覚悟を持った企業の集団だからこそ、結果的にそこに信頼感が生まれてくる。「プライム市場（昔であれば東証一部）上場」というステータスに我々が価値を感じるのも、このような背景が根底にあるはずだ。

日本においては、このような覚悟を持つことなく上場を選択しているケースが非常に多いように感じる。上場企業になりさえすれば信頼を獲得できるはずだという妄信がはびこっていないだろうか。周りに勧められるがままに上場してはみたものの、投資家との対話がうまくいかず株価も下がり続け、資本市場のなかで迷子になってしまっている新興企業を私はたくさん見てきた。

よくあるのが、上場することを自分の保有株を高値で売却するための儀式としか考えていない「上場ゴール企業」だ。まともな投資家が、そんな企業の株式を買うわけはない。

また、他人のお金を預かっているという感覚が非常に薄い。必要もないのに新しい株式を発行して1株当たりの利益を減少（希薄化）させたとしても、何の罪悪感も持たずに「証券会社にお願いされたから」と説明するような企業もある。

東京証券取引所には、4000社近い企業が上場している。なかには時価総額も日々の取引金額も非常に小さく、なぜ上場しているのか理解に苦しむ企業が多数存在している。日々の取引金額が非常に小さいということは、誰も売買することができず、新たな資金調達もほぼ不可能だ。

参考までに、米国の代表的な取引所であるニューヨーク証券取引所の上場企業数は2500社程度だ。東京証券取引所の半分強なのだが、その時価総額は東京証券取引所の約7倍もある。つまり、ニューヨーク証券取引所の1社当たりの平均時価総額は、東京証券取引所の約10倍ということだ（2023年7月3日時点：SPEEDAを基に著者が計算)。

これは未上場の段階における資金供給能力の違いもあるが、日本では「プライム市場上場」というブランドがほしいだけの企業が少なくないのも理由なのだろう。肩書きが大きな影響力を持つ日本においては、「プライム市場上場」が水戸黄門の印籠並みの力を持っている。銀行も事業会社も、この看板があるかないかでスタンスが大きく異なることがある。そしてそれは我々一人ひとりが形式ばかりにこだわり、**是々非々(良いものは良い、悪いものは悪い)で判断することが少ない**という何気ない行動パターンに起因しているのだ。

あえて取引所への上場を選択しなかったパタゴニア社の事例を覚えているだろうか。経営者は、取引所に上場することの意義をよく考えなければいけない。取引所に上場して不特定多数から資本を集めることの責任の重さを鑑《かんが》みたうえで、それでも成し遂げたいと思えることが本当にあるのかどうか。もしそれがないのであれば、単に上場をやめれば良いだけだ。既に上場企業であったとしても、いつだって上場をやめることはできる。

株価上昇は「社会貢献」

資本主義社会において上場会社であるということは、不特定多数からの資本を受け入れるということだけではなく、インベストメント・チェーンの重要なプレイヤーとして責任ある行動が求められるようになる。上場して大きな力を持つことを許された上場企業が「今だけ、自分だけ」という考えで行動をしてしまうと、チェーン全体の時間軸が短期化し、環境破壊や労働問題など社会に害悪をもたらしてしまう。上場企業は適切な時間軸を持ち、社会に対して責任ある行動を心がけることで、**インベストメント・チェーンの健全化に寄与する役割が期待されている。**

このなかには、株価の上昇を通じてインベストメント・チェーンに貢献するという側面もある。我々の年金や保険などの原資の一部は、機関投資家の運用によって上場企業への投資に回され、その運用成果によって実は個人も大きな影響を受けることになる。もし株価の上昇に関して熱意を持たない上場企業が存在したとしても、何のペナルティもない。しかしその状況を放置してしまうと、我々が将来受けとる年金の原資不足といった「資本主義社会の機能不全」を引き起こしてしまうのだ。

フランスでは年金原資が不足しているために、年金の受給開始年齢を遅らせようとした結果、百万人規模の民衆がデモを起こすといった事態になった。


また株価の上昇は、自社株を保有する従業員に対するインセンティブとなり、従業員の金融資産の拡大にも寄与する。米国のＧＡＦＡは、１社当たり大体年間２兆円から４兆円の株を従業員に渡しており、なおかつ経営者が株価上昇に懸命に取り組むことによって、世界中から優秀な人材を集めて事業を拡大してきた。

「権力の腐敗」は誰にでも起こる

このように資本市場は、**資本主義社会におけるエンジン**とも言える重要な役割を果たしている。そのエンジンを上手く機能させるうえで我々が絶対に忘れてはいけない重要なことが１つある。それは、「**権力は腐敗する**」ということだ。

企業のトップまでのぼりつめ絶大な力を持つようになった経営者は、たとえそれまではどんなに素晴らしい人格者であったとしても、いずれ「裸の王様」という魔の手が忍び寄ることになる。私はかつて某企業の経営者とお会いしたときに、「私は投資家のことなんてなんとも思っていません。なんなら従業員も。いちばん大事なのは私なんです」と言い切る姿を見て愕然《がくぜん》としたことがある。このような経営者はごくまれにしか存在しないとは思う（そう信じたい）が、緊張の糸が途切れたときにふと魔が差したように、このような考え方が頭をもたげることがあるかもしれない。

中国の唐の時代に「貞観《じょうがん》の治《ち》」と呼ばれる善政を行った太宗《たいそう》という皇帝は、常に自分のことを諫《いさ》めてくれる魏徴《ぎちょう》という宰相を傍に置くことで、「裸の王様」に陥ることなく良い政治を行うことができたといわれる。古代ローマのマルクス・アウレリウスという皇帝は、自制心や忍耐力を求めるストア派の哲学を信奉し、常に自己反省を欠かさなかったことで「賢帝」と呼ばれるに至った。強大な権力を持った人間が腐敗してしまわないためには、権力者に対して緊張感をもたらす何かしらの「仕掛け」が必要なのだ。

しかし、現代の株式会社において経営者に対して「モノ申す」には、従業員は立場が弱い。では資本市場において何が「唐の魏徴」や「古代ローマのストア派哲学」になり代わるかというと、それは**株主**だ。

株式をめぐる「袖《そで》の下経済」

「株主」とは広義の「投資家」のうち、出資もしくは市場での購入により株式を受け取った人を指す。

1章でも触れたが、**株主は1株あたり1つの「議決権」と呼ばれる権利を持ち、経営に関する重要なことを決める株主総会において投票することができる。**いざとなれば、取締役をすべて入れ替えるという強力な権限を行使することもできるのだ。そのような過激なケースは実際にはほとんど発生しないが、その選択肢が常に存在するからこそ、**経営者の保身や独裁を未然に防ぐ**ことができる。

その真逆の存在が、「安定株主」だ。

「安定株主」で会社は安定しない

「安定株主」をネットで検索すると、「企業の業績や株価などに左右されず、長期にわたって株式を保有する株主」といった定義が見つかる。おもに創業者や従業員持株会、後述する「政策保有株主」などを指す。いわば企業と利害関係のある立場であり、株主総会において、常に会社側の味方をすることが一般的だ。

経営の安定のためには一定程度の「安定株主」は許容されるとは思うが、あまりにも比率が多いと株主総会が意味をなさなくなり、経営者に対する株主からのけん制機能を骨抜きにしてしまう。つまり株主総会を開くまでもなく、取締役の選出など経営に関する重要な議案が、会社側の思うがままに決まってしまうのだ。

この**「安定株主」になりうるのが「政策保有株式」**の存在だ。

その典型的な構造はこうだ。

投資家から経営に関してとやかく言われたくないと考える経営者は、銀行や保険会社もしくは取引のある事業会社に株を保有してもらい、株主総会において常に会社側をサポートしてもらえるように取りつける。

図8 株主構成（イメージ）

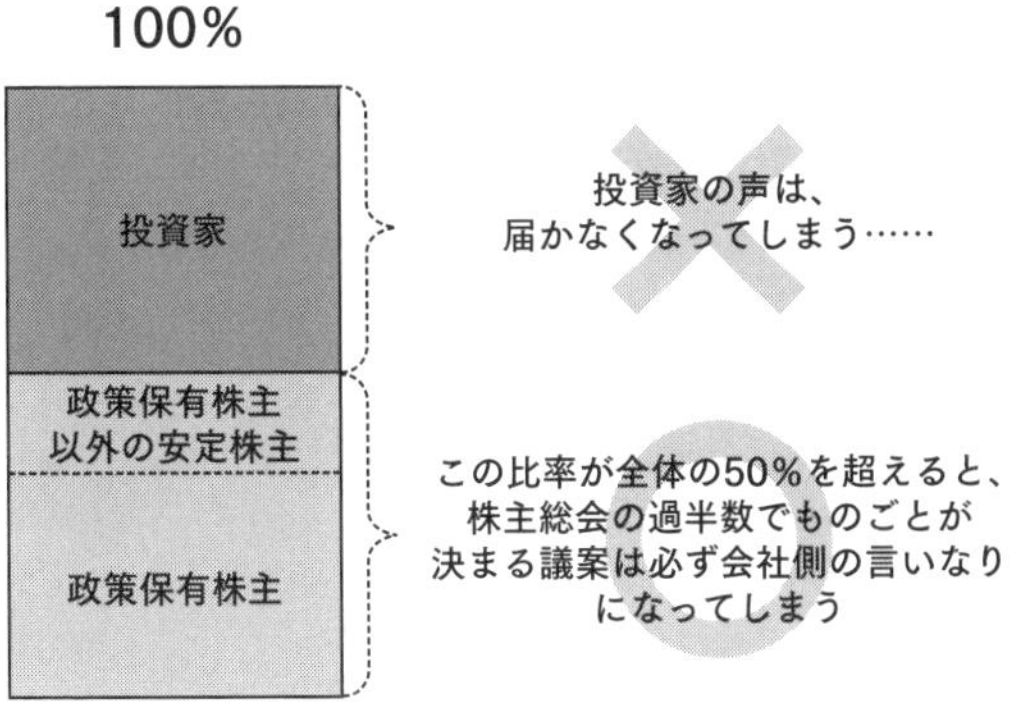
100%
投資家
政策保有株主
以外の安定株主
政策保有株主
投資家の声は、
届かなくなってしまう……
この比率が全体の50%を超えると、
株主総会の過半数でものごとが
決まる議案は必ず会社側の言いなり
になってしまう

そうすると何が起こるか。もし政策保有株主を含む安定株主の割合が50%を超えてしまうと、**株主総会において過半数で決まる議案はすべて会社側の言いなりになってしまい、外部の投資家の声は届かなくなってしまうのだ**（図8）。

「交換条件」で回る袖の下経済

政策保有株式の場合、安定株主となってくれることの対価として、株式を持ってくれる企業に対して何かしらの商取引を優先的に提供するという「バーター取引」が存在する（図9）。

バーターとは、直訳すると「物々交換」のことだ。「通貨を介さない利益目的の

図9　バーター取引

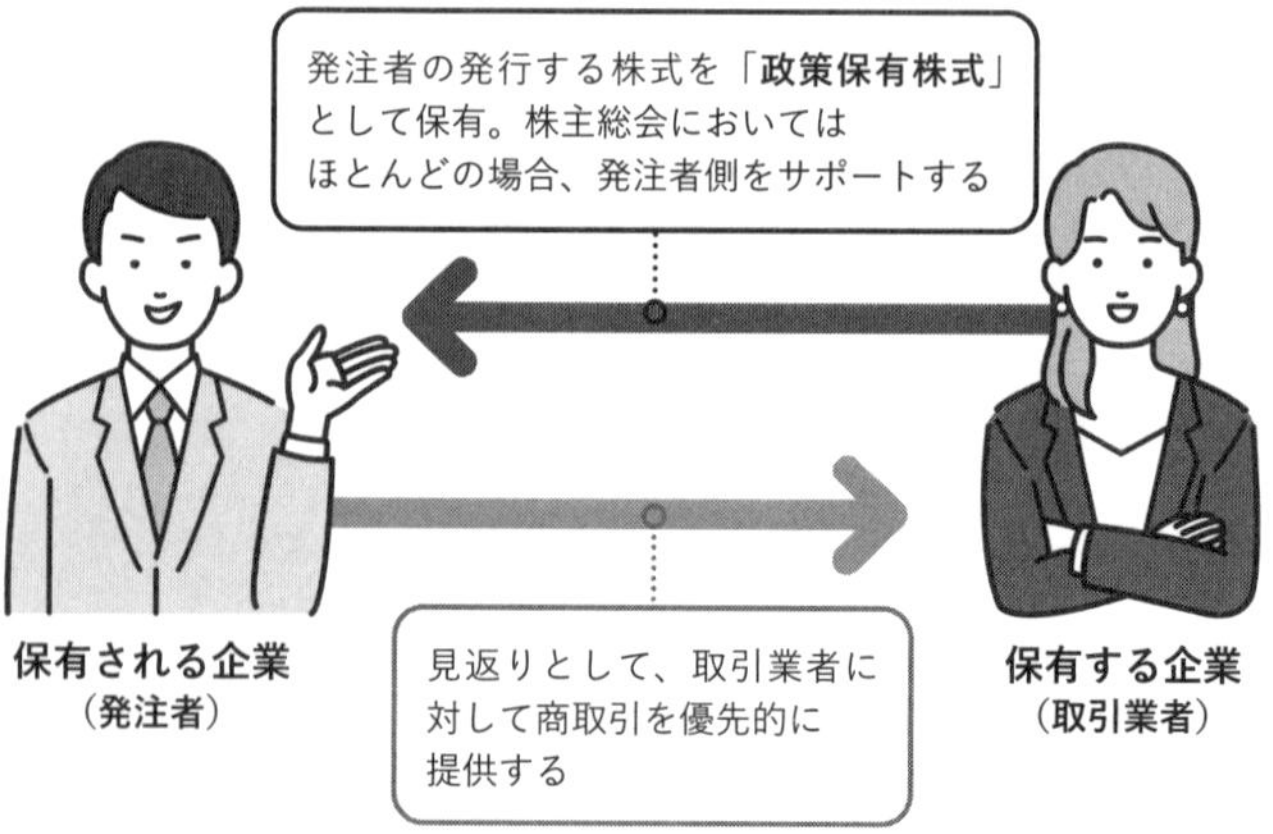

発注者の発行する株式を「政策保有株式」
として保有。株主総会においては
ほとんどの場合、発注者側をサポートする
保有される企業
（発注者）
見返りとして、取引業者に
対して商取引を優先的に
提供する
保有する企業
（取引業者）

交換」といった意味になる（政策保有株式のなかには、両社で相互に株式を持ち合っている「持ち合い株式」と呼ばれるものもあれば、一方的に持っている「片持ち」と呼ばれるケースも存在する）。

ひどいケースになると、政策保有株式を持っていないと取引先として認めてもらえないような場合もある。あまり表沙汰になることはないが、「**入札に呼んでほしければ、まずは入場券として政策保有株式を保有してください**」とか、「**政策保有株式を保有しなければ、貴社の商品を棚から外しますよ**」といったやりとりが、水面下ではごく当たり前に存在しているのだ。**このバーター取引は、日本経済のボトルネックとも言える忖度《そんたく》文化の象徴だ。**後ほど詳しく述べたい。

「せっつく投資家、耳をふさぐ経営者」の悪循環

資本市場界の鎖国

政策保有株式によって投資家の声を封殺してきた日本には、**投資家が何かしら企業に対して提言しただけで「モノ言う株主」として敬遠されてきた**という歴史もある。投資資金が吹っ飛んでしまうかもしれないという不安と向き合う株主の気持ちを考えると、株主が経営に対して口を出すことができるというのは当然の権利だ。**「モノ言う株主」という言葉は、「痛い頭痛」と同じくらいにおかしな日本語**であることを我々は理解しなければならない。

私はかつて、とある企業と敵対していた投資家（メディア的には「モノ言う株主」

と呼ばれてしまう）と話をしたことがある。彼らの言い分は、「従業員から経営者を更迭《こうてつ》してほしいというSOSを受け取ったから、私たちは闘っているんです。闘っている相手は企業でも従業員でもなく、経営者なんです」とのことだった。弱い立場に置かれている従業員の「声なき声」を拾ってあげられるのが投資家なのだが、政策保有株式の存在や「モノ言う株主」という考え方は、その投資家の声さえもかき消してしまう。

日本の資本市場において、**政策保有株式を持ったり持たせたり、「モノ言う株主」というレッテルを貼ることによって投資家の声を封殺してしまっているのは、いわば「資本市場界の鎖国」**ということでもある。鎖国を続けても世界の流れに置いていかれるだけであり、開国をして国を強くする方が良い選択であるのは歴史が如実に物語っていることだ。

しかしこれは、けっして経営者側だけの問題ではない。その根底には、**短期目線の投資家と経営者の相互不信**があるのだ。

短期目線の株主が増えてくると、経営者は長期的な目線で経営をすることが難しくなるために、政策保有株式に頼って短期目線の投資家の声を封殺しようとする。これ自体は合理的な行動かもしれないが、これがいつのまにか経営者の保身へとつながってしまいかねないところに、政策保有株式の問題がある。

政策保有株式には、「短期目線の投資家に対する防波堤」という側面がある一方で、「経営者の保身」という悪い側面もあり、その境目が曖昧な玉虫色の存在だ。これは経営者と投資家のどちらかが一方的に良い悪いという話ではなく、この相互不信の悪循環をどこかで断ち切らねばならないということなのだ。

政策保有株式の保有などによって経営者の保身が見え隠れすると、長期目線の投資家の目には「経営に真剣に向き合っていない」と映る。そうすると長期目線の投資家はその企業に興味を示さなくなり、結果的に短期目線の株主が増えてくる。

短期目線の株主が増えてくると経営者は、「投資家と話をしても無駄だ」という考えになる。そして政策保有株式に頼ってさらに保身を強めてしまうという、悪循環が起きているのだ。

図10 「今」と「固有の時間軸」

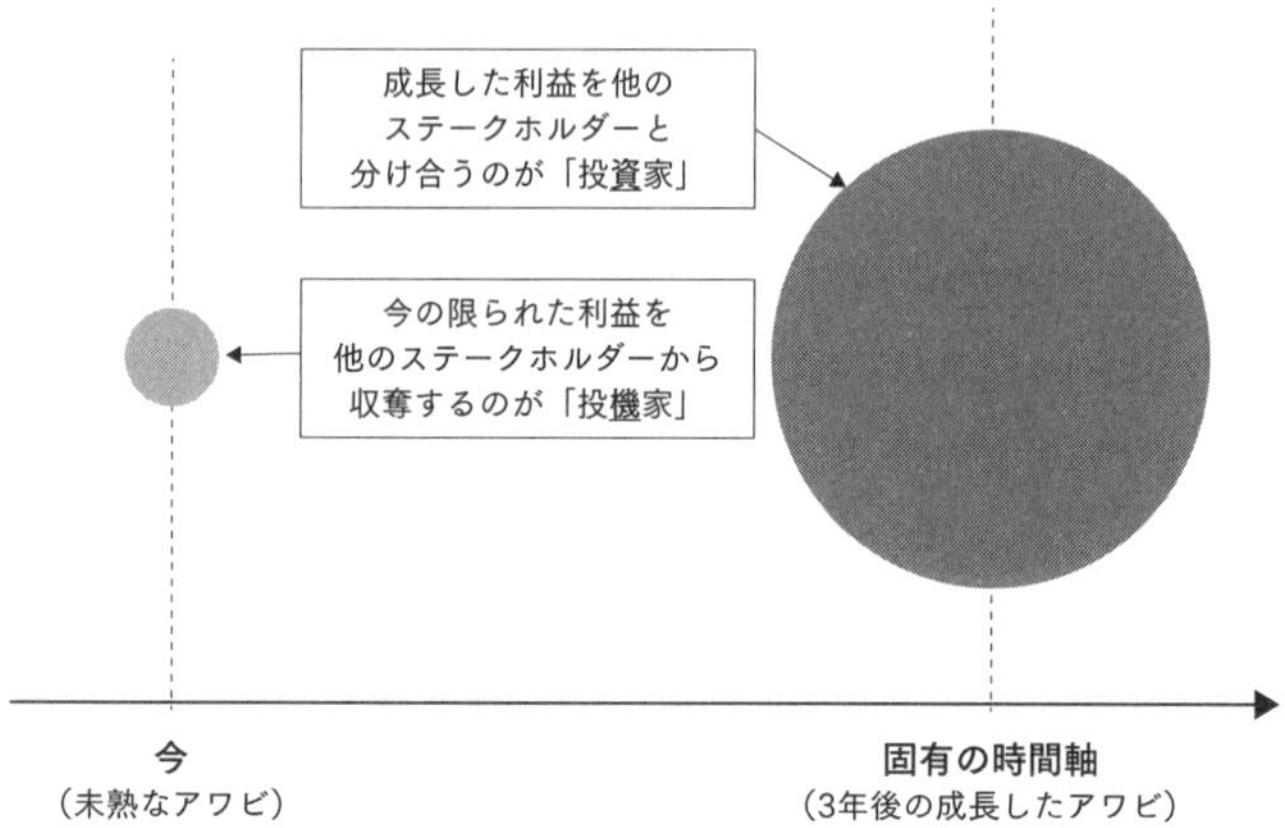
成長した利益を他の
ステークホルダーと
分け合うのが「投資家」
今の限られた利益を
他のステークホルダーから
収奪するのが「投機家」
今
（未熟なアワビ）
固有の時間軸
（3年後の成長したアワビ）

投資家は「待つ」、経営者は「脱ぐ」

ここで視点を投資家に移し、「投資」と「投機」の区別をしていきたい（図10）。

「投資」とは、「社会課題を解決してくれる企業に対して、株式という形で資金を提供し、**その企業の成長とともに投資家も、配当や株価の上昇によって恩恵を受ける**」ことを意味している。投資家は成長する可能性のある企業をしっかりと目利きをする必要はあるが、企業が成長すれば富の量が増える。関係者で十分に分け合うことができるようになり、企業も投資家もウィン・ウィンだ。

もちろんこの際には、企業の**ビジネス**

が持つ「固有の時間軸」（アワビなら3年！）を考慮した投資スタンスが求められることは言うまでもない。投資先の企業が「1年で回収できるビジネスモデルを持っているのか、10年待つ必要があるのか」を理解するということだ。

一方「投機」の場合は時間軸が短い。企業の成長がまだ十分でなく、分け合う富が限定的ななかでの取り合いになるので、誰かが勝てば誰かが負けるというゼロ・サム・ゲームになってしまう（未熟なアワビを採り尽くしてしまったら、後年他の人には行き渡らない）。

たとえば、とある企業の現時点の利益が10億円だとしよう。これを従業員や研究開発や株主へ振り分けることになるのだが、仮に株主の取り分を30％とすると、株主は3億円の利益を得ることができる。ここでもし株主が3億円以上の利益を得ようとすると、従業員への給料や研究開発費を削らざるを得なくなる。将来の成長の源泉である人材や研究開発へのお金を削ってしまったら、その企業は思うような成長を遂げることはできないだろう。それでもなお3億円以上の利益を得ようとするのは、「投機家の発想」だ。

一方で、現時点での株主の取り分は3億円で十分だと理解して、企業の成長を応援し（株を保有し続け）、3年後に会社の利益が10倍の１００億円になったらどうだろうか。引き続き株主の取り分が30%だったとしても、株主は30億円の利益を得ることができる。もちろん、従業員も十分な報酬を得ることができるし、研究開発にも十分なお金を投じることによって、さらなる成長も期待できるだろう。**未来を信じて待つのが、「投資家の矜持《きょうじ》」なのだ。**

株式市場の日々の売買を活性化させるという観点では、投機マネーの存在を否定するつもりはない。しかし投機マネーばかりが増えてしまうと、経営者側は「投資家と話をしても無駄だ」と考えるようになる。政策保有株式に頼って鎖国を強化してしまい、相互不信の悪循環が深まってしまう。本来は『投機家』と話をしても無駄だ」ということであり、「投資家」とは対話をすべきなのだが……。そして相互不信の悪循環に陥ってしまった企業の周りからは、どんどん「本物の投資家」が遠ざかってしまう。

航海にたとえてみよう。経営者が船長であり、投資家が乗組員だとする。長く厳しい航海に挑むにあたって、もし船長だけが救命胴衣をコッソリ着込んでいたとすると、どうだろうか。「万が一船が沈没しても、自分だけは救命胴衣で助かる」という保身が見え隠れするならば、乗組員はそんな船長を信じて同じ船に乗り、長い航海を支えようとは思わないはずだ。

それでも無理やり乗組員を集めようと思えば、船長のことを信頼せず、何かあったらすぐに船を脱出してしまうか、隙あらば船長を海に突き落として船を乗っ取ってしまおうと思っている乗組員しか集まらない。**そうすると船長は、ますますもって救命胴衣を手放せないという悪循環に陥ってしまう。**

これが日本の資本市場で起こっていることなのだ。では、どうすればよいか。

答えは非常に簡単だ。船長が救命胴衣を脱ぎ捨て、「**沈むときは俺も一緒に沈む。だから俺を信じてついてきてくれ！**」と言う。それだけだ。そうすれば本物の乗組員たちが乗船してくれて、厳しい航海もともに乗り越えていけるようになる。

すなわち、経営者が政策保有株式に頼ることなく真剣に投資家と向き合う覚悟を持てば、結果的に「本物の投資家」が興味を持ってくれて、負の連鎖から脱することができるということだ。

忖度《そんたく》で動く日本経済

「うちの棚に商品を置きたければ、うちの株を買え」

経営者の保身になりうる政策保有株式と、切っても切り離せない関係にあるバーター取引に関して、詳細に見てみたい。

政策保有株式を保有する側には、「株を保有して安定株主となる代わりに、何かしらの商取引を得る」バーター取引があることは既に述べた。政策保有株式が持つこのバーター的な側面は、公然の秘密として表沙汰になることはほとんどなかった。せいぜい証券業界の一部で、「○○社は、△△社の政策保有株式を売却してしまって、取引を減らされたらしい」などの噂がまことしやかに飛び交っていたくらいだった。
徐々に政策保有株式の実態がメディアなどでも報道されるようになるなか、２０２１年に起こった関西スーパーを巡る買収合戦が大々的に報道されることになったので、この経緯をご紹介しておきたい。

これは「オーケー」という関東地盤のスーパーが関西に進出しようと考え、「関西スーパー」に対してＴＯＢ（株式公開買い付け）を実施しようとしたところから始まる。考え方が相容れない両社の対立は深まるばかりで、最終的には株主総会において決議をとることになった。しかし関西スーパーの株主のなかには、両スーパーの株式を政策保有株式として保有しつつ、両社と取引がある卸やメーカーが存在した。

卸やメーカーは、スーパーに商品を置いてもらえないと商売にならない。これが何を意味するかというと、政策保有株式が取引と紐づいている以上は、「どちらの陣営についたとしても別の陣営の取引を失いかねない」ということなのだ。自陣の票を稼ぐためにスーパー事業における取引量を増減させることをちらつかせながら交渉をする様子が、『関西スーパー争奪』（日本経済新聞出版）という本に赤裸々に描かれている。内実はかなり複雑だが、関心のある方は本を参照してみてほしい。

実際に私も泣きそうな顔をした某食品メーカーの方から、「スーパーの株式を政策保有株式として買い増さないと、自社製品を棚から外すと言われて困ってるんです……」と相談を受けたことがある。我々が何気なく訪れるスーパーの陳列棚の裏にこのようなやりとりがあることを理解すると、社会の流れが少し見えてくるのではないだろうか。

そしてこれは日本の商習慣のようなものでもあるため、出発地点が経営者側の保身ではないケースもある。ある企業に商取引をお願いしたいと思っている企業が、その商品力で他社との差別化ができないために、積極的に「政策保有株式を持ちますので、取引をしてください」と働きかけるケースもある。どちらにしても、それに応じてしまう経営者の甘えが問題の根底にはあるのだが。

このようなバーター取引はほとんど消費者の目に留まることはないが、実は日本企業の競争力低下の根本要因となっているのではないかと私は考えている。日本経済のボトルネック「忖度《そんたく》文化」の象徴とも言える。私がこう考える背景を説明したい。

この「商習慣」が日本を弱くする

バーター取引というのはどこの国にも一定程度存在するとは思うが、日本を含むアジア圏では特に顕著だ。米国の会社で働いていると、ステークホルダーに対して厳しい説明責任を課されるため、接待などを通じた個人的な感情だけではものごとが動きづらく、常に是々非々（良いものは良い、悪いものは悪い）で判断がなされる。そうすると、より質の高い商品を提供しようというインセンティブが働くことになる。

しかし日本では、商品力以上に忖度《そんたく》でものごとが動きやすい。肩書とか、何回接待を受けたとか、自社商品をどれだけ買ってくれたとか、政策保有株式などのバーターの方が重みを持つケースが多いのだ。

私も実際に、「他の証券会社の人は何十人も挨拶に来てくれたし、接待も何度もしてくれているから、ポッと出のGSさんに取引を任せるわけにはいかない」という主旨のことを何度か言われたことがある。また、「清水さんの役職では、上の人間と会わせることはできません」と言われたこともある。

もしかしたら、感覚的にはこのようなやりとりの「どこがおかしいのか？」と思う方もいるかもしれない。

私も日本人として、おもてなしや義理人情というのはけっして嫌いではない（というか大好きだ）。しかし上場企業となって他人の資本を預かってビジネスをしている以上は、おもてなしや義理人情の前に、資本の出し手に対する説明責任を果たせるかどうかで判断をすべきであろう。

そうしなければ、良質な提案は日本に残らず、是々非々（つまり忖度《そんたく》なし）で判断してくれる海外に流出してしまうことになる。

あるソフトウェアサービスの日本企業の方が、日本では新参者だからと言って話さえ聞いてもらえなかったが、アメリカに行くとその場で商談がまとまったと言っていた。そうすると、その後も是々非々で判断がなされる環境を求めて、良質な提案は海外へ流出させることになってしまう。

私がいくつかの企業から受け入れられなかったのは、もちろん私の話が面白くなかっただけかもしれない。しかし、もしかしたら形式にこだわるあまり、自社に有用な情報をみすみす逃してしまっていることはないだろうか。

他にも、「外資系の証券会社とは、一切付き合いません」という企業もあれば、「主幹事証券会社（メインバンクの証券会社版）としか付き合いません」という企業も数多く存在していた。この状況に関しては地域性も非常に強く、地方に行くとより一段と保守的となる傾向がある。

このような形式主義は儒教の考え方から来ているのかもしれないが、社会の価値観が大きく変わる局面においては、変化を妨げてしまう要因となってしまいかねない。

一方で、どれだけ大きな企業の経営者であったとしても、本当に価値がある情報だと思ったら、私のような若造に対しても謙虚に接してくださる素晴らしい方も数多くいらっしゃった。長い目で見ていくと、そのような企業のスタンスの違いはいずれ大

図11 政策保有株式の問題点

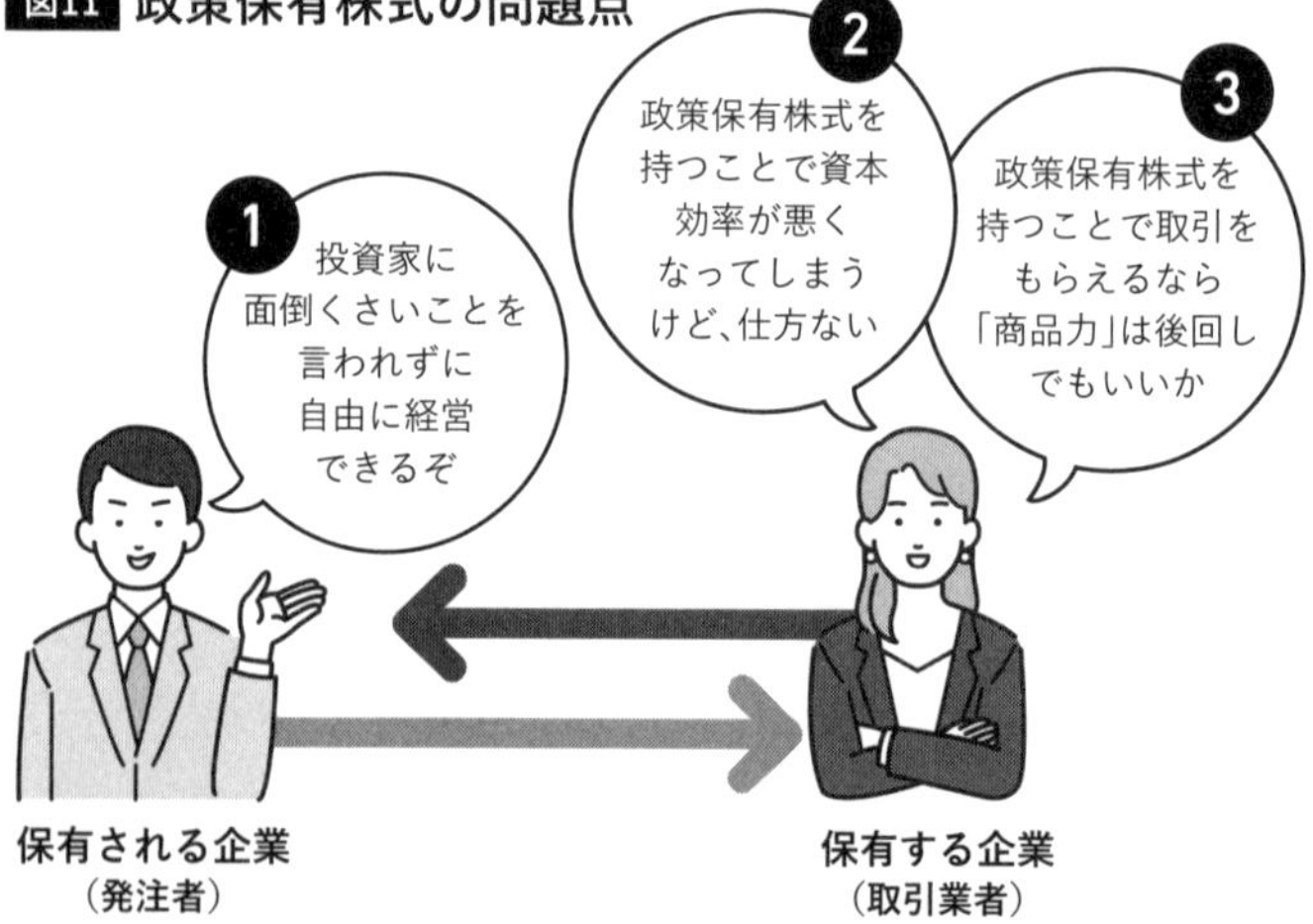
1
投資家に
面倒くさいことを
言われずに
自由に経営
できるぞ
2
政策保有株式を
持つことで資本
効率が悪く
なってしまう
けど、仕方ない
3
政策保有株式を
持つことで取引を
もらえるなら
「商品力」は後回し
でもいいか
保有される企業
（発注者）
保有する企業
（取引業者）

きな株価の差につながっていくのではないだろうか。

本項の最後に、バーターが日本経済を弱くする理由として、政策保有株式の問題点を3点にまとめておきたい（図11）。

❶まず、政策保有株式を「保有される企業」の**経営に対する緊張感の低下**だ。本来は資本市場からの健全なチェック機能が存在することで経営に対して適度な緊張感をもたらすのだが、政策保有株式が存在することで資本市場からのチェック機能が低下し、経営者の独裁化や怠慢を見過ごしてしまいかねない。

❷次に、政策保有株式を「保有する企業」の**資本効率の低下**だ。政策保有株式を保有するということは、本来であれば設備投資や研究開発に振り向けるべき資金が無駄に固定されてしまうことを意味する。株主から預かっている資金を有効に活用すべきという観点から、「資本効率への理解が足りていない」と株主から指摘されても仕方のないことだろう。

❸3点目も政策保有株式を「保有する企業」にとっての問題だ。株式を保有することで取引が優先的に獲得できるとなると、健全な競争環境が阻害されて**商品やサービスの向上意欲が削がれてしまう**。これは厳しい消費者の目にさらされることがなく、価格決定プロセスが曖昧なB to Bの世界において特に顕著であるように感じる。これによる短期的な影響は軽微だが、長期的な企業の競争力を損ねてしまう。気がつけば、常に厳しい競争環境で闘っている海外企業との間に、大きな差が生まれてしまいかねない。

ここまで読むと「政策保有株式は悪《あ》しき日本固有の商習慣」という印象を持つだろう。いまでこそ海外からはそのように見られているかもしれないが、このような状況が日本固有の話かというと恐らくそうではない。

２０１４年、自民党の日本経済再生本部がまとめた『日本再生ビジョン[6]』というレポートを読んだ私は、雷に打たれたような衝撃を受けた。「この社会課題をビジネスに昇華させなければ」という覚悟に至った具体的な事例が、そこにあったのだ。

2-2.「忖度《そんたく》」を解くカギは「緊張関係」

ドイツを変えた「シュレーダー改革」

２０１４年に発行された『日本再生ビジョン』というレポートでは、日本が目指すべき方向性の先例として、ドイツの「シュレーダー改革」が挙げられていた。

それまでの私は、投資家が何かしら企業に対して提言しただけで「モノ言う株主」として敬遠されてきた日本の資本市場に対して、漠然とした問題意識を持っていた。このレポートでは、同様の問題が１９９０年〜２０００年前半のドイツでも起こっていたとされ、問題点が明確に議論されていたのだ。

第二次世界大戦の敗戦国であったドイツでは、会計基準の統一化や資本市場の規制が不十分で、外国資本の呼び込みができていなかった。企業が十分な資本を調達できないという環境下において、銀行や保険会社が株式を所有して資本を提供するという「株式の持ち合い構造」を有していた。これは会計基準の統一など資本市場の整備が終わるまでは、**緊急措置として銀行や保険会社が資本を提供する**という構造である。言わば急病人がＩＣＵ（集中治療室）に入って治療を受けるような状況だ。

しかし戦後の復興ステージが終わって、グローバル経済への移行が始まる１９９０年代ごろになると、株式の持ち合い構造による弊害が目立ち始めた。資本市場からの適切な監視機能が働かず産業の新陳代謝が進まなかったドイツは、「欧州の病人」とも呼ばれるような困難に直面していた。これは、そろそろＩＣＵを出て一般病棟に移り、リハビリを始めなければならないステージを迎えていたということであろう。

当時のシュレーダー政権は、この株式の持ち合い構造を解体すべく、保有株式を売却した際の株式譲渡益を非課税にするといった過激な施策を打ち出した。それと同時に、銀行や保険会社によって売却された株式を買ってもらう投資家層を開拓すべく、会計基準の統一や資本市場の整備を行うことによって海外投資家の参入を奨励した。

これによって、**企業の効率性や株価の上昇を求める投資家の割合が増え、企業と投資家の対話が活発となった。**その結果、ドイツの企業は資本効率を重視するようになる。不採算事業の売却と採算事業への集中を通じて、活力を取り戻していったのだ。

日本もドイツと同じ敗戦国であったため、戦後復興の過程で事業を拡大するための資本が不足した。銀行や保険会社や取引先が資本を提供して、日本復興に大きく貢献したという歴史があるのだ。しかし、たとえ時代が変わってもシュレーダー改革のような抜本的な改革を行うことができないままに、株式の持ち合い構造が引き続き存在していた。

日本では1980年代にかけて対日直接投資が段階的に緩和され、外国資本が潤沢に入ってくる環境となった。足りない資本を補い合うという本来の意義を果たし終えた株式の持ち合い構造は、**資本市場からの適切な監視機能を妨げ、経営に口を出されないようにするための経営者の保身へと変質していった。**どんなに当初は意義のある取り組みであったとしても、時代の流れと共に制度疲労を起こしていく。それがいずれ害をなしてしまうことは、よくある話だ。

政策保有株式も時代が変わって制度疲労を起こしてしまっているのだが、なまじっか「戦後復興の経済成長を支えた」という側面があるがゆえに、適切な変化を迫ることは非常に難しい。特に日本のように前例踏襲傾向が強い国においてはなおさらだ。

「成長」ではなく「膨張」する日本

私はあるとき、長く日本に住んでいるアメリカ人の知人に「日本って良い国でしょ?」と聞いたことがある。彼はちょっと考えた末に「良いというよりは……キレイな国だね」とお茶を濁しながら答えた。

なぜ「良い国」と言えないのだろう。理由を聞いたところ、「**規律がない**」とのことらしい。

アメリカでは是々非々で意思決定がなされ、ダイナミックにものごとが動くのと比べて、日本では意思決定のプロセスが曖昧かつ遅いと彼の眼には映っていた。ゴルフ、接待、義理人情など忖度《そんたく》でものごとが決まる日本的な意思決定は、アメリカ人には理解しづらかったのだろう。

日本の経済規模は確かに大きいのだが、残念ながらそこには規律が足りていない。ここでいう「規律（Discipline）」とは、ルールや倫理観のことではなく、是々非々（良いものは良い、悪いものは悪い）でものごとが決まることであり、**規律があれば社会全体に活力が生まれてくることになる。緊張感があり、筋肉質な状態だ。**

「良いものは良い、悪いものは悪い」でものごとが決まるなど、一見当たり前に聞こえる。しかし、「政策保有株式を保有しなければ、貴社の商品を棚から外しますよ」『御社の政策保有株式を売りたい』なんて、相手に切り出せない」「他社は何回も接待をしてくれたから、あなたには任せられない」というやりとりが水面下で行われている場合、それは「良いものは良い」で商品が選ばれているとは言えない。

規律のない経済の拡大は、「成長」ではなく「膨張」である。本物の経済力ではないのだ。

政策保有株式は、「忖度文化」の象徴だ。資本市場において経営者が投資家と対話をする機会を奪い、経営に対するけん制機能を弱めてしまっている。さらには付随するバーター取引によって、日本社会から規律を奪っている側面もある。**日本社会全体の「規律のなさ」という課題を凝縮した存在**ともいえるのだ。

これらを解決するには、日本の資本市場に適切な緊張感を取り戻すことが必要だ。そして是々非々でものごとが決まる社会にすることができれば、日本は本物の経済力を取り戻して本当に「良い国」となるだろう。そうなれば、世界に対する日本の発言力も増す。誇りを持って、この国を次世代に引き継いでいけるようになるはずだ。

実際にドイツの場合、株式の持ち合い構造の解消を軸としたシュレーダー改革によって、企業の収益性を回復させた。国際競争力を著しく向上させた結果、1990年代には「欧州の病人」と言われていたドイツは「欧州経済の牽引車《けんいんしゃ》」となったのだ。

もちろん、海外の事例をそのまま日本に応用すべきだとは思っていない。

お金の出し手に説明責任を負う上場企業の場合は是々非々で判断することが重要だが、誰にも説明責任を負わないプライベートな世界ではおもてなしや義理人情を大切

図12　著作権が解放されているスタジオジブリの画像

にしたい。

スタジオジブリは、「常識の範囲でご自由にお使いください」という条件つきでスナップショットの著作権を解放している（図12）。[7]

これに関する反応で非常に興味深かったことがある。日本の感覚であれば、ジブリの気持ちを汲《く》んで常識の範囲で使う人が多いだろう。

しかし某外国人のコメンテーターが「こんな曖昧な条件なら、なんでもやりたい放題ですよ。トトロの画像を使って商品を作って儲けても、常識の範囲って言えばいいだけじゃないですか。もし何かあったら法廷で闘えばいいんです。絶対負けませんよ」と言っているのを聞いて興醒《きょうざ》めしてしまった。

なんでもかんでも法廷で白黒つけるというスタンスは、お金の出し手に説明責任を負うビジネスの世界だけにして、プライベートな世界ではもっと情緒的であってほしいと私は思う。欧米的な価値観をそのまま受け入れるのではなく、日本の良さを残しながらも有用な部分だけを取り入れるというしたたかさが必要だ。

何はともあれ、日本経済の競争力を取り戻すためのボトルネックを解消することに、狙いが定まった。『日本再生ビジョン』を読んだ私は、「政策保有株式の解消」こそ私が全力で取り組むべき課題であり、この社会課題をビジネスに昇華させてみようと決意した。

日本の持つ精神文化が世界に伝わり、持続可能な社会の構築に貢献するためには、あたかも大谷選手が場外ホームランを打つかのような圧倒的な経済力が必要だ。「経済なき道徳は寝言」なのだ。

ミッションは「出禁にならず」、社長にたどり着くこと

「いっそ法律で禁じてほしい」

２０１４年に日本経済再生本部が政策保有株式の問題点に言及した際に、企業の担当者からよく言われたのが、「いっそのこと、法律で禁じてくれれば楽なのに」ということだった。これは、自らの判断で相手企業の株式を売却をするとなると角が立ち、取引関係にも影響しかねないということだ。「法律で禁止されたから」という大義名分さえあれば誰に非難されることもなく、スムーズに売却できる。誰もが問題だと思ってはいても、自ら行動することはデメリットが大きいために誰も行動に移そうとしない。ある意味、政策保有株式の本質を言い当てていたように思う。

政策保有株式が日本社会の隅々にまで張りめぐらされた問題であると認識すれば、その解決に向けた営業戦略も自《おの》ずと決まってくる。個別企業に対して営業をかけるのではなく、日本社会全体の価値観を変えていくような取り組みが必要になるのだ。

たとえ個別の企業に営業をかけたところで「相手先がある話なので、我々だけではどうにも……」と、話が一向に進まない。また、現場の担当者と話をしたところで、「それは経営マターなので、私には関係のない話です」と言われてしまう。

当時、私は金融商品開発部という部署に所属していた。顧客を担当する営業部門を商品開発の立場でサポートする部署だ。

しかし、「政策保有株式を解消するためのビジネスを展開する」と決まれば、新しく商品を開発する必要はほとんどない。それよりも、日本社会全体の価値観を変えるという抽象度の高い取り組みのほうが重要だと私は考えていた。

経営者と投資家の相互不信を解きほぐす。これは経営者にとって「保身をするよりも、投資家と積極的に対話をして企業価値を上げた方が『得』だ」という雰囲気を醸成するということだ。「攻撃は最大の防御」といえる。

また政策保有株式を持つことによって優先的に取引を獲得するのではなく、たとえ短期的には収益性が下がることがあったとしても、商品力によって是々非々で選んでもらえるような努力をした方が、長期的には企業価値向上につながるということを経営者に理解してもらわねばならない。

社会全体の価値観が変わってゆく暁《あかつき》には、自分たちが先行者利益を得られるような立ち位置を築いておこうと私は考えた。そうすれば、「儲ける」のではなく「儲かる」ようになる。我々はその利益を使って、もっと大きなインパクトを社会に対して与えられるようになるはずだ。

個別の企業に営業をかけるのではなく、日本社会の価値観を変えることがすなわち「営業戦略」だとすると、それはけっして私一人でどうにかできる話ではない。社内、社外問わずになるべく多くの仲間を作って協働してもらわなければならず、**どうすれば周りの心を動かすことができるか**が重要だった。

それからの私は、商品開発そっちのけでセミナーの開催に注力していった。しばらく続けていると、巷《ちまた》では「セミナーおじさん」と呼ばれるようになっていった。それから約10年で、セミナーに参加してくださった方の数は延べ数千人に上る。

このころのセミナーの内容で気をつけていたのは、政策保有株式を前面に「押し出さない」ということだ。**あくまで「企業経営のあり方」とか、「資本市場との向き合い方」という漠然としたテーマから入り、その流れでサラッと政策保有株式に触れるという形をとった。**

というのも政策保有株式は、経営者の保身や企業と投資家の間の相互不信、日本の（あまり表沙汰にはならない）商習慣などが絡《から》んでいるため、非常にセンシティブなトピックなのだ。無邪気に政策保有株式に対して切り込んでいくと、とんでもない目にあう。

具体的に言うと、政策保有株式の話となると、まずもってほとんどアポが入らない。バーター取引や経営者の保身が絡むようなセンシティブな話題は、誰も望んでいないということがひしひしと感じられた。

アポが入ったとしても、「誰が戦後復興の経済成長を支えたと思ってるんだ！」と語気を強める方もいらっしゃれば、「政策保有株式は血よりも濃い企業同士の絆なんです」と熱く語る方もいらっしゃる。

そこには、「時代は変わったので、政策保有株式を解消しましょう」という薄っぺらい話ではまったく太刀打ちができない生々しい世界があり、下手をすると本当に出入り禁止になるようなことも起こるのだ。

一部の地域では「この地域の企業の間では、政策保有株式に関連して何か悪いうわさが立ったら『閻魔帳《えんま》』に書かれてしまいますよ」と忠告を頂くこともあった。要は、今後取引をしてもらえないという「出禁リスト」だ。

「売りたいけど、売れない」株式

誰もが政策保有株式を腫れ物にさわるように扱っていた。もしどこかの企業で何かしらの動きがあったとしても、基本的には主幹事証券会社に相談がいくだけで、内輪だけで完結させようとすることが普通だった。企業内でも現場に近い人は詳細を知らないケースが多く、ましてや企業外の人間が本当の姿を知ることは難しい。ＧＳのような外資系の証券会社はまったくお呼びでなかった。

某日系の大手証券会社から転職してきた同僚からは、「外資系証券会社が政策保有株式を扱うなんて、富士山を北海道に持って行くくらい大変、というかほぼ不可能ですよ！」と言われたことさえある。

また政策保有株式に関しては、現経営者のみならず前任の経営者やOB（いまは顧問や相談役という肩書であったりする）が絡んでいたりすることもある。日本には古来「院政」というものがあり、**本当の権力者が誰かわかりづらい構造が存在している。**実は現役の社長以上に、相談役や顧問が権力を持っているケースがよくあるのだ。ちなみにアメリカ企業の場合は、CEOと呼ばれる人がほとんどすべての業務執行に関する決定権を持っていることが一般的だ。

とある大企業の相談役はオフィスの一角に重厚な執務室を持ち、「いまの経営者なんて、全然だめだ」と言いながら、いまだに会社内で大きな権力を保持されていた。そのような環境下において、前任の経営者が始めた政策保有株式に関して、現経営者が忖度なく（つまり是々非々で）判断をすることは難しいだろう。

　このような背景もあり、政策保有株式は「売りたいけど、売れない株式」というナゾナゾのような金融資産として我々証券会社を悩ませてきた。

　政策保有株式を持っている企業から、「相手企業から怒られてしまわないように、議決権は保有しなければならないが、株式としての価格変動リスク部分だけは売り払いたい」という依頼が頻繁に寄せられるのだ。

　私からすると、「そんな面倒くさいことをするくらいなら、単に政策保有株式を売れば良いだけの話ではないでしょうか」と口から出てしまいそうになるのだが、そんなことを口走ろうものなら大変なことになる。「他の証券会社は親身になっていろいろな手法を考えてくれるのに、もうおたくには声をかけません」と、単に私は「仕事ができない人」というレッテルを貼られてしまうのだ。

「たとえ自分が手掛けたくないと思うビジネスであったとしても、他者に勝たないと自分がはじき出されてしまう」空気は、こうしたところにも蔓延《まんえん》していた。まさに、音楽が鳴り続けている状況だ。

このように誰もが正面から渡りあえないプレッシャーからか、この分野においては数多くの謎の金融商品が編み出されてきた。しかしそのどれもが長続きはしなかった。それもそのはずで、大部分の政策保有株式は、経営者の保身やバーター取引が背後にある非合理的な存在なのだから、合理的な解決方法が存在するわけはないのだ。

しかし、クビになっても良いので社会のためになることをやろうと覚悟を固めた私はひるまなかった。

「そんな非合理的なことはやめましょう。これまでの歴史的な関係もあるので政策保有株式を売るのは簡単ではないでしょうが、我々も日本企業の経営層と投資家に対して啓発活動をして援護射撃をしますので、売却する方向で一緒に努力していきましょう」と、勇気を持って諭《さと》す。もしかしたらこれによって顧客を失うことがあったかもしれない。しかし価値観を共有できない顧客であれば失う覚悟を持たねばならない。

「そんなことは求めていない」と言って去っていく方も少なくなかった。なかには「実は私もそう思っているんですが、上からの指示で……」と本音を打ち明けてくれるお客様もいた。

図13 安定株主比率

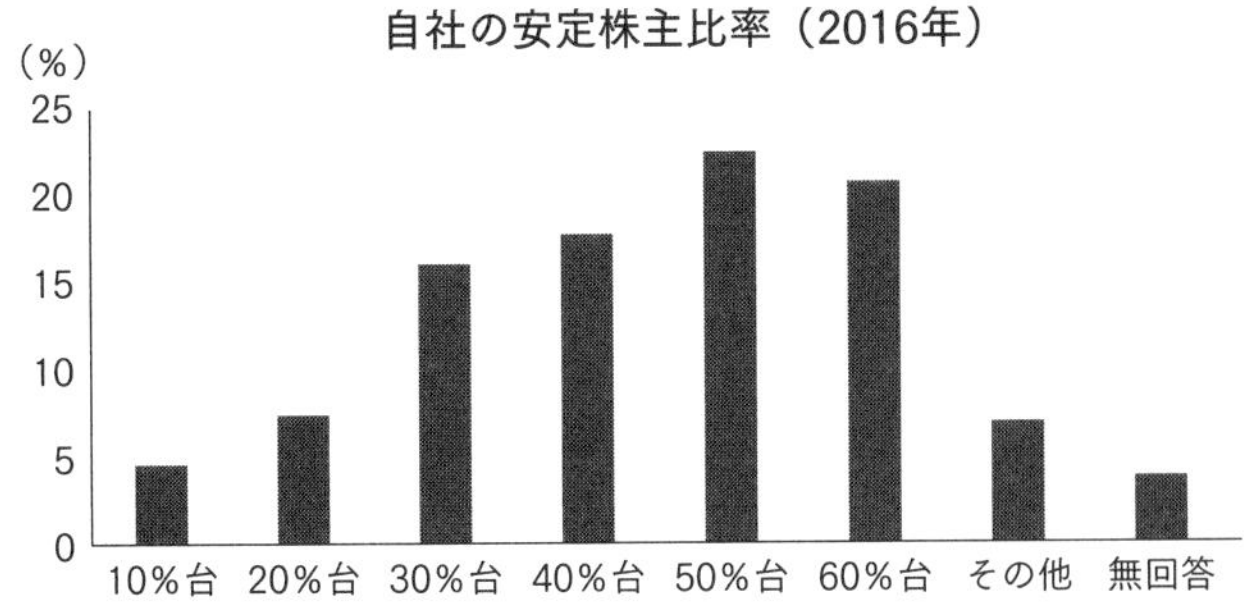

（注1）株主総会決議で会社側提案を支持することが期待できる株主が保有する議決権数の総議決権数に対する比率。
（注2）全上場企業のうち回答を得られた1,755社を対象。
出所：商事法務研究会 株主総会白書2016年版、金融庁「コーポレートガバナンス改革の進捗状況」より著者作成

巧妙に隠された「袖の下」との攻防

政策保有株式の実態は、外から見るだけでは絶対にわからない。私が開示資料を見て、「だいたい政策保有株主の割合は全体の20％くらいかな」と見当をつけてみても、実際に企業の株主総会担当者（総務部が多い）に聞くと「うちの政策保有株主を含めた安定株主比率は50％を超えています」と言われる。

参考までに、企業の安定株主比率のデータを掲載しておく（図13）。この数値は通常自発的に開示されることはなく、企業に対する匿名のアンケートによって初めて全体の分布が明らかになる性質のものだ。

本来、上場企業が毎年発行を義務づけられている「有価証券報告書」という開示書類は、読めば企業の実態がほぼすべてわかるように、開示すべき情報が細かく規定されている。投資家と企業の情報の非対称性を埋めるためだ。しかし、ことに政策保有株式に関しては、ほとんど全容が掴《つか》めなかった。

最近は政策保有株式に関する開示（有価証券報告書のなかでは、「特定投資株式」として開示されている）が強化され、以前よりは実態がわかるようになってきた。とはいえ相手方とどのような取引関係にあるかが曖昧であったり、保有目的の区分が曖昧だったり、議決権行使結果の開示もなかったりと、いまだに不透明な部分が大いにある。丹念に有価証券報告書を読んでいくと、従業員向けの退職給付用の資産に移すなどあえて隠そうとしている意図が感じられることもあった。

投資家と平等に情報を共有し、投資判断に活かしてもらおうというスタンスが希薄であると感じることが多い。

しかしグローバルに開かれた取引所の上場企業として、海外投資家を含めた不特定多数からの信頼を獲得するためには、自ら進んで積極的に開示を行うというスタンスに変えていかなければならないことは明らかだ。海外投資家のなかには、「政策保有株式など安定株主の比率が高いのであれば事前に知りたい、そうであれば投資はしない」というスタンスを持っているところも多い。

政策保有株式によって市場の声を封殺してしまうのではなく、株主の声に耳を傾け、真剣に議論をし、是々非々の判断をしていくことで日本経済全体が筋肉質になっていくべきだ。

しかし、誰もが目先のデメリットばかりを気にして積極的には動こうとしない。このような困難な局面を打破していくためには、個別の利害関係に囚われることがないように視座を上げる必要があった。

「日本のため、子孫のために目先の対立を乗り越えていきましょう」、これが私の口説き文句となっていった。

■ episode.「会社が動いた」、GSに新部署を立ち上げる

会社を辞めていく同僚から「清水さんはまだ、この業界や会社でやれることがあると思っていますか?」と聞かれたことがある。私の答えはもちろんイエスであった。資本主義のど真ん中、そのなかでも最前線に近い場所で奮闘し続けるからこそ、社会の流れに一石を投じることができるという思いはまったく変わっていなかった。

少しずつではあるが、政策保有株式の解消に向けて社会全体の価値観を変えるという取り組みは進展していった。数年前では考えられなかったような企業の動きも出てきた。海外からの買収を避けるため市場に株式を解放せず、どちらかといえば政策保有株式を強化してきた保守的な業界が、解消に向かったのだ。この流れで数百億円の案件を任せて頂き、その取引が日経新聞に取り上げられたこともあった。

確実に手応えは感じていたのだが、会社が認めてくれるような収益化までは、まだ遠い道のりであった。

我々の取り組みは0から1を作る作業であり、その収益には大きな意味があると信じていた。しかし、どうしても「社会的意義」よりも数字の大小の方が目立ってしまう。既存ビジネスで得られる収益と比較されてしまうと、私のビジネスは見劣りしてしまっていた。

私が金融商品開発を担当していたときに同じ志を持って一緒に活動をしてくれていた社内の同志が一人、また一人と会社を去っていく。結局は「数字がすべて」の世界で、「結果」と「意義」の両立は難しい。そんななかで、会社との時間軸のギャップを埋めるために奮闘する日々が続いた。

2012年に最初の危機を乗り越え、次なる大きな試練にぶつかっていた2016年のとある日、アメリカ人のビッグ・ボスに呼ばれた。2012年の案件を一緒に手掛けた、気心知れたナイスガイだ。もしかしたらゲーム・オーバーを告げられるのではないかと内心ビクビクしながら彼のオフィスに向かったのだが、そこで待っていたのはまったく予期していなかったメッセージだった。「君の取り組みを全力でサポートする。いまの金融商品開発部の立場だとやりづらいだろうから、営業部門に異動して好きにやってほしい」

　キツネにつままれたような感覚に陥りながらも、私は新しい部署を立ち上げる準備に入った。


　彼は長い時間軸を持ったうえで、すべてのアクションに関して「投資」か「浪費」かで判断をしてくれた。すぐ利益につながりそうにはないことでも、それが長期的な投資として十分に合理的であることを説明できればゴーサインを出してくれるのだ。もちろん、その前提には信頼関係が必須だ。これまでも私が長期的な取り組みで結果を出してきたという実績と、日々真剣にビジネスに取り組んでいるという姿勢が、彼にとっての信頼につながっていたのだろう。

　一方で、そのような信頼をつなぎ留めるためには日々の一挙手一投足にまで説明責任を果たす必要がある。無駄なコストは一切かけないように、情報ベンダーにかける費用は最小化し、金融業界では必須アイテムであるBloombergも解約した。金融業界において日々マーケットに関与する仕事をしながら、Yahoo!ファイナンスで株価を確認していた人間は、おそらく私以外にいないのではないだろうか。

また、接待は本当に重要なときだけ年に数回程度、ゴルフ接待は基本なしというスタンスを貫いた。これは費用を最小化するという側面もあるが、そのような時間があるのであればとにかくセミナーのコンテンツを磨き続けることで多くのお客様の信頼を獲得した方が効率的だと考えたからだ。

実際に週末のほとんどは、コンテンツを考えるための時間として消えていった。いま思えば、私は金融業界では当たり前のゴルフ接待なるものを過去に1度もしたことがないことに気がついた。なんせ日本社会全体の価値観を変えるような壮大な取り組みをしているのだから、時間はいくらあっても足りない。

時間軸の短期化が起こってしまっている資本主義社会ではあるが、すぐには利益につながらない取り組みをしっかりと見てくれる上司がいれば、長期的な取り組みが可能になる。GSではいろいろな国籍の上司を持った。日本人はもちろん、アメリカ人、フランス人、ウクライナ人、オランダ人、中国人、ドイツ人、ギリシャ人などだ。日本の状況を理解しようとせず、短期的な利益だけを求める上司を持って絶望的になるときもあったが、ときには最高に仕事がしやすかったりと、誰が昇進をするかがこれほどまでに重要な要素なのかと痛感した経験であった。

アメリカ人のビッグ・ボスの強力なサポートのもと、2016年9月に「業務推進部」が立ち上がった。業務推進部という命名には、縦割りになりがちな組織に横串を通し、資本市場の番人としての機能を発揮できればという思いが込められていた。あまりにも壮大なので積極的には発信していなかったが、日本の資本市場を活性化させて日本の謙虚さや利他の文化を海外に発信することで、「世界平和に貢献したい」という個人的な思いもそこにはあった。

この世界平和への思いに関しては、アフガニスタンで活動をされた医師、中村哲さんの影響を受けた部分が大きい。中村さんは医師としてアフガニスタンで活動されていたのだが、診療所も重要ではあるもののそれは対症療法に過ぎず、問題のいちばんの本質は「水がない」ことにあると看破して用水路の建設を始めた。もちろん医師である中村さんに土木知識はまったくないのだが、「必要なものであれば、どんなことをしてでも作る」という気概を持って独学で土木工学を学び、周りの人々をその情熱をもって巻き込んでいった。中村さんは、自身の仕事についてこう語った。

「『信頼』は一朝にして築かれるものではない。利害を超え、忍耐を重ね、裏切られても裏切り返さない誠実さこそが、人々の心に触れる。それは、武力以上に強固な安全を提供してくれ、人々を動かすことができる。私たちにとって、平和とは理念ではなく現実の力なのだ」

問題の根本的な原因を特定し、現場で泥まみれになりながらも改善に取り組むという中村さんの姿勢に、私は大いに感銘を受けた。私も引き続き、泥まみれになりながら、資本主義を活用して持続可能な社会を構築し、世界の平和に少しでも貢献をしたいという決意を新たにしたのだった。

最初は実質的に私1人の部署だったのだが、その後必要な人材を順次採用して4人のチームとなっていった。リソースが増えたことで、「日本社会の価値観を変えるため」という長期的な活動も、より活性化させることができるようになった。

「資本主義の中心で、資本主義を変える」ためのプロセスが具体的にイメージできた。

GSの東京オフィスで奇跡的に立ち上がった業務推進部において、**長期的な時間軸を持って「社会のためになること」を儲かるようにしてみせたい。**結果を出せばいずれ、GSの本社がそれを真似してくれるだろう。米国の資本市場において圧倒的な発言力を持っているGSの本社が内側から変われば、そのインパクトは果てしなく大きいはずだ。

全力で、やれるところまでやり切ろう。

2-3. 「空気の読めない人」が時代をつくる

「岩を動かす」あの手この手

チームで動けるようになった私は、セミナーよりももっと頻繁かつタイムリーに、日本社会の価値観を変えるための発信をしていこうと考えた。メルマガを始めると、「セミナーおじさん」だけでなく「メルマガおじさん」とも呼ばれるようになった。「メルマガおじさん」となって数年が経つころには、多くの企業の方々が賛同者となってくれて、確実に価値観が変わってきていることを感じられるようになってきた。２０１６年から始めたメルマガは当初数百人くらいの送り先だったのが、「意外に沼る」ということで口コミで広がっていき、最終的には５０００人に迫る勢いとなった。

多くのお客様から、「証券会社からのメルマガは数が多すぎてほとんど読まないのですが、清水さんのメルマガだけは毎週読んでます!」と言って頂くこともあった。

「変わりたくない人」を変える方法

私は手弁当で「セミナーおじさん」として数々のセミナーを主催してきた。いちばんの目的は参加者の「やる気スイッチ」を押すことだ。

その背後にあったのは、「上から目線で正論を押しつけても何も変わらない」ということだ。ものの考え方のヒントをちりばめることによって、自ら考えて行動する人を増やすことができれば、世の中の流れが変わっていくはずだと考えていた。

しかし、どうも人というのは「やる気スイッチ」を押されないようにガードをする癖《くせ》があるようで、そう簡単にスイッチを押すことはできない。セミナー後のアンケートでよく書かれたのが、「具体的に何をすれば良いのかがわからなかった」という主旨のことだった。

そもそも私のセミナー(「企業経営のあり方」とか「資本市場との向き合い方」とかだ)には、当たり前だが答えはない。哲学的とも言えるものの考え方に触れて自ら考えてもらうことが目的だったのだが、どうしても意図を理解してもらうことができずに、具体的な答えを求める聴衆も一定程度いた。

特に日本の歴史ある大企業においては、新しい取り組みを促すインセンティブが少ない。そこに多くの人が「失敗しないために答えをほしがる」構造があるように思う。たとえば次のようなインセンティブ構造の会社があったとしたら、皆さんはどのような行動をとるだろうか？

①新しいことに挑戦して成功したとしても○はつかないが、失敗したら×がつく
②前例を踏襲さえしておけば、どのような結果になっても×はつかない

そのような組織において昇進をしたいと思えば、とにかく×がつかないように前例を踏襲したり、誰かに答えを求めたりして挑戦を避けることが、何より合理的な手段となってしまうのだ。

このような状況であるがゆえ、1回のセミナーで「自ら考え行動する」というやる気スイッチを押せるのは、聴衆のせいぜい2〜3割くらいというのが私の肌感覚だ。

そんな「やる気スイッチおじさん」が学んだことは、「どこを、いつ、誰が」押すか、この3つがすべて揃わないとやる気スイッチを押すことはできないということだ。諦《あきら》めずに地道に、手を変え品を変え発信を続けていくしかなかった。

GSにおけるセミナー以外にも、私は金融庁の審議会会合にて政策保有株式について問われ、次のような発言をさせていただいたことがある。

「日本の商習慣そのものと言ってもおかしくないような状況だと我々は思っています。政策保有株式の解消をやっていかないとなかなか日本のインベストメント・チェーンも改善せずに、日本という国も良くならない。我々の子孫のためにも、いい国を残すためにも、ぜひご検討いただきたいところでございます[8]」

泣く子も黙る(?)GSの人間の発言としては意外感があったのか、会場がザワついたのをよく覚えている。

「欧米的発想は嫌いだ」と経営者が頑固になるワケ

経営者が投資家に向き合うにあたって、避けては通れないのが「ROE」という概念だ。これはReturn on Equityの略であり、**「株主から預かったお金をどれくらい効率的に使っているか」**という指標となる。

お金の出し手からすると、無駄遣いせずに効率的にお金を使ってもらいたいと思うことは当然だ。グローバルで長期的な投資資金を奪い合っているなかで、無駄遣いばかりしている企業に投資資金が集まるわけはない。しかし、私が数多くの経営者の方々と議論をするなかでは、いくらROEの重要性を訴えても、理解してもらえないことが多かった。

よく言われたのは、「ROEのような欧米的な考え方は嫌いだ。そんなのは単なる数字遊びだろう。ちゃんと従業員を大事にして顧客を向いた経営さえしていれば問題ないはずだ」ということだった。「ROE重視」という経営手法を外部から押しつけられているような感覚があったのか、ひどく高圧的に断言する経営者の方が多かった。

しかし、株式会社という形態であれ取引所に上場するというシステムであれ、それらは我々が欧米から学び取ったことであり、けっして日本オリジナルなものではない。そして欧米においてこれらのシステムが（けっして完全ではないものの）一定程度機能している背景には、投資家がしっかりと「モノを言う」環境があるために、経営者と投資家の間の適切な緊張感が存在するからだろう。

経営者が常に投資家からの目線を気にせざるを得ない環境下においては、投資家が重要視するＲＯＥをあらためて強調する必要はない。そんなことをしなくても経営者は、ＲＯＥの重要性を常にひしひしと「感じている」のだから。

しかし日本においては、投資家と経営者の対話の機会が少ない。資本市場界が鎖国状態であるため、ＲＯＥに対する意識は当然低くなる。**他人の資本を使って事業をしている意識が薄いため、ことさらにＲＯＥを強調する必要がある**というだけの話なのだ。

ここまで説明をすると納得していただけることも多く、ミーティング当初の高圧的な態度が徐々に軟化して最後には打ち解けることができた。経営者の方々も内心では

ROEの重要性を感じてはいたものの、「ROEは○○%以上必要です」と表面的な指標を押し付けられることに対して辟易《へきえき》していて、意固地になってしまうことが多かったのだろう。命を削って経営をされている経営者の方々と対峙するのであれば、こちらも自分の哲学をしっかりと確立し、相当な覚悟を持って臨《のぞ》まねばならない。

経営者の方々も自分の哲学をしっかり持っているので、このような対話によってすぐに何かの行動につながるとは私も思っていなかった。しかし私の話だけでなく、**多くの投資家から同様のことを言われ続けることで、数年かけて結果的に動きが出てくる。**諦めずに地道に活動を続けていくことが重要だ。

「従業員を守る」が本当に良い企業か

もう1つよく言われたのが、「投資家よりも、従業員の方が大事なんです」ということであった。これはその裏側にある考え方によって、意味合いがまったく異なる可能性がある。

まずよくあるのが、戦後復興の過程で「雇用を守るのが良い経営者」という価値観が非常に強かったために、この価値観に忠実に従っているパターンだ。そのような経営者と議論する際には、**「上場企業である以上は、株主を含めたすべてのステークホルダーにしっかりと目配りをしなければ、結局いちばん大事な従業員を守ることはできませんよ」**という話をさせて頂いた。株価が割安に放置され、短期目線の株主に振り回されるようなことになってしまったら、従業員を大事にするどころの話ではなくなってしまう。

それからもちろん、本質を理解されたうえで「従業員がいちばん大事だ」とおっしゃる経営者もいた。実際に製品を作り、サービスを提供して利益を稼ぐ主体は従業員なのだから、従業員がいなければ何も始まらずいちばん大事であるのは当然の話だ。しかしそれは、やる気に溢れて生産性が高い「従業員の集団」が大事だという意味合いだ。そのような従業員の集団を維持するために、個々人のレベルにおいては「非情な判断」が下されることも容認するという覚悟が込められている。

これは、昨今重要性が叫ばれている「人的資本経営」とも同義であろう。私は次から次に生み出される流行りものの「○○経営」といった言葉が好きではないのだが、本質が見えている経営者はわざわざその言葉を使わずとも、とっくに「人的資本経営」を実践している。古くは武田信玄が「人は城、人は石垣」と言ったそうだが、戦国の時代から既に人的資本経営は当たり前の話だったのだから（むしろ情報伝達手段が限られる戦国時代では、いま以上に人的資本が重要だったと思われる）。

このような素晴らしい経営者と、バフェットのような本物の長期投資家が対話を深めていくことができれば、この国には素晴らしい未来が待っているはずだ。そのためには**一刻も早く政策保有株式の問題を解消し、日本の資本市場を開国せねばならない。**

そもそも日本に資本主義はあるのか

「コーポレートガバナンス（企業統治）」という概念が政策保有株式の解消に向けて非常に重要になってくるので、ここで解説したい。

「シュレーダー改革を日本でも」という日本経済再生本部の掛け声から、日本でもコーポレートガバナンス改革の重要性が認識され始めた。しかし「コーポレートガバナンス」という言葉は、非常に狭義なコンプライアンス的な考え方に終始してしまっている印象を受ける。しかし本来は、**企業がその存在意義（パーパス）に沿った目的を達成するために必要となってくる、システムやもののすべて**を包含している。

「コーポレートガバナンスはすべてを包含している」とはどういうことか。

企業が目的を達成するためにはまず、優秀な**従業員**を雇わなければならない。そして従業員のモチベーションを保つためには、適切な**報酬制度や人事制度**が必要になってくる。**商品のクオリティ**を高く保ち、企業の総合的な**ブランド価値**を高める必要も出てくる。企業が目指すべき方向性に関する大局観を見失わないようにするためには、社会の流れに対してアンテナを高く張り、業務の執行とは分離した**監督機能を備えた取締役会**を有効に機能させることも重要だ。また、組織である以上どうしても悪意を持った人間が出てくる可能性を排除できないので、**コンプライアンス**を強化することも必要になる、といった具合だ。

コーポレートガバナンスは「企業文化」に近い概念だ。こう捉えると、ぐっと理解しやすくなる。企業文化とは、企業がその目的を達成するために必要な組織のあり方である。

「何を評価するか」が企業文化をつくる

「企業文化」は、けっして目には見えないものなので定義が非常に難しい概念だが、その根底にあるのは「企業が何を評価するのか」ということではないだろうか。人間というのは自分の利益に関して非常に敏感な生き物なので、何をすれば会社に評価され、昇進して給料が上がるのかを常に真剣に見抜こうとしている。そうすると会社の評価体系が従業員の行動規範に対して多大な影響を与え、企業文化を形作っていくことになる。

たとえば数字がついていて評価がしやすい営業部門に評価が偏ってしまうと企業文化はどんどん劣化していき、長期的な企業価値は棄損していく。営業部門を支えている間接部門の重要性を理解しない組織が、持続的に成長していけるわけはない。

サッカーでたとえてみよう。あるチームが勝利をおさめるにあたっては、ディフェンダーとして失点を防ぐ人、中盤から前線に華麗にボールを運ぶ人、ゴールを決めて1点を獲得する人、などが必要になってくる。

私のようにサッカーに詳しくないと、どうしても目立ちやすい「ゴールを決めた人」に目が行ってしまうのだが、もし監督もその目線で選手を評価し始めると何が起きるだろうか？　選手は皆、自分が他の選手よりも評価されようとして、必死にシュートの練習ばかりを始めるはずだ。ゴールをねらう人しかいないようなチームが、試合に勝てるわけがないのは明らかだろう。

これは個々の選手に問題があるわけではなく、監督が「ゴールを決めた人を評価する」という方針を打ち出したことによってチームの文化が形成され、選手が他者よりも評価されようと忠実に行動をした結果なのだ。

チームの監督は、単に評価しやすい人を評価するのではなく、自分の一挙手一投足が回りまわってチームの文化を形成するのだと緊張感を持ちながら、チームが勝つという目的を達成するために、誰をどれくらい評価するかを熟慮しなければならない。

私は常々、「**内部監査部門にこそエースを置くべきだ**」と思っている。内部監査というのは、企業の不正防止や業務効率化のサポートを目的とした部門だ。裏方中の裏方と思われている節もあるが、ビジネスを誰よりも深く理解したうえで、営業部門が気づいていない落とし穴を事前に見つけて対策を講じてくれる。

先ほどのサッカーの事例でいうと、相手の決定的なチャンスをつぶしてくれたスーパー・ディフェンダーのようなものだ。相手の1点を防いだというのは、1点を決めたのと同様もしくはそれ以上の価値があるはずだ。

実際に私もGS時代に何度か内部監査を受け、その有益さを実感した。彼らは我々のビジネスを深く理解して分析したうえで、何が弱点であるかと仮説を立てて重点的にチェック機能を働かせてくれる。それによって、我々が気づいていなかったビジネスの弱点を発見・強化し、思う存分ビジネスに集中できる環境を整備してもらえた。内部監査に対する企業のスタンスを確認すれば、その企業の企業文化と持続可能性をうかがい知れるのではないかと思ったほどだ。

このように、えてして本当の功労者は目立たないところにいるものだ。本当の功労者が誰なのかを全員が理解できるように、しっかりと声を上げなければ健全な企業文化は形成されない。

私は、何かしらの案件ができた場合には陰の功労者に感謝するための「サンキューメール」を送ることを欠かさなかった。これはもちろん陰の功労者のためというのもあるが、その案件がなぜうまくできたのかという本質を関係者に理解してもらわなければ、次の案件の獲得につながらないのだ。たまたまシュートを打った人が我が物顔に自分の手柄だと騒いでいるのを鵜呑《うの》みにしてしまうと、次はうまくパスをつなぐことさえできずに負けてしまうだけだ。

そして「サンキューメール」を送る際に重要になるのが、メールの送り手に対する信頼だ。このようなメールは、経済的には無料なのだが信頼的には無料ではない。送り手が、あまりフェアではないメールを連発していると、そのメールの価値は下がってしまい企業文化も劣化してしまう。周りから信頼されていて、その人の発言に重みがあるからこそ「サンキューメール」は威力を発揮する。私はこれを「信頼のダム経営」と呼んでいた。常に「信頼のダム」に水を溜めているからこそ、周りの人も協力をしてくれてものごとがスムーズに進んでいくのだ。

指示待ち「キティちゃん」の反省

ここで1つ、企業文化の変化が企業価値の向上に大きく貢献した事例を紹介しておきたい。かの有名な「ハローキティ」は皆様ご存じかと思うが、このキティちゃんはサンリオ社のキャラクターだ。このサンリオという会社は、創業者の辻信太郎氏が60年にわたり社長を務めたあと、ご令孫の辻朋邦《つじともくに》氏が2020年に社長に就いた。朋邦氏はこのときなんと31歳という若さであった。

そして社長就任から1年ほど経った2021年に公表した中期経営計画の内容を見て私は驚愕した。そこには普通の企業ではまず見かけることがない、これまでの「組織風土」に対する痛烈な自己批判がところせましと盛り込まれていたのだ。[9]

これまでの組織風土の反省として「トップダウン待ちで、経営チームのガバナンスに課題」、「個別最適/サイロ化した組織・国内海外の未連携」、「〝頑張っても報われない〟〝失敗しても責任を問われない〟人事制度」など、とても上場企業の開示とは思えないような過激な言葉が並んでいた。

私はこの中期経営計画を目にして、異様な興奮を覚えた。まさにこのような現状分

図14 サンリオ社の株価（2023年6月19日時点）

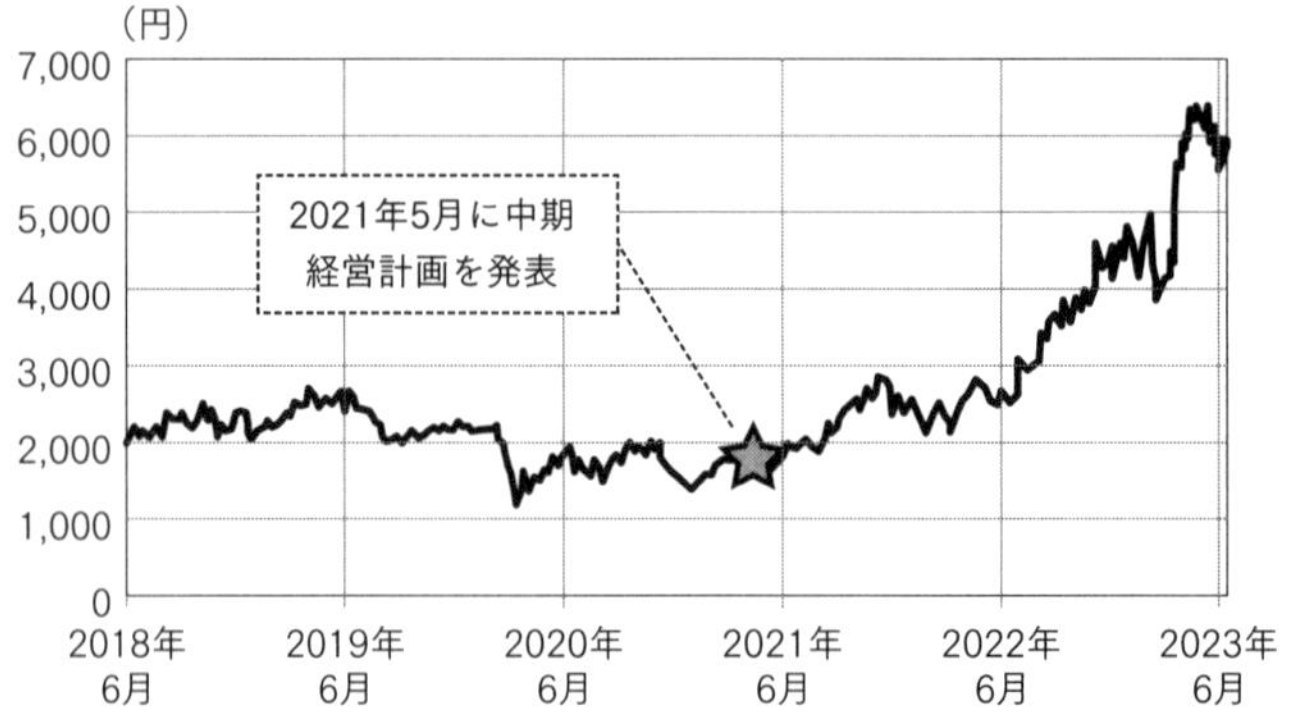

出所：SPEEDAより著者作成

析が、日本企業を再度成長軌道に乗せるために必要な考え方なのだ。私は、「この会社は面白い。大化けするかもしれない」ということをいろいろな人にお伝えしていた。もしそのときに私の言葉を信じてサンリオの株を買っていれば、約2年間で株価は3倍程度になっている（図14・投資はあくまで自己責任で）。

経営学者ピーター・ドラッカーは「企業文化は戦略に勝る」ということを言ったそうだ。いくら素晴らしい戦略を持っていたとしても、企業文化が劣化してしまっていれば組織は目的のために協働できず、戦略は「絵に書いた餅」だろう。

サンリオの事例は、企業文化がいかに重

要かをよく表している。

さて、話をコーポレートガバナンスに戻そう。

「他社さんはどんな感じですか?」

コーポレートガバナンス報告書を作成するにあたって、数多くの企業とディスカッションをした。「他社さんはどんな感じですか?」と何度聞かれたことだろうか。私はその都度、「他社はどうあれ、自分たちのオンリーワンな取り組みを正々堂々と説明すれば良いだけですよ」と答えるのだが、不満そうな顔をされることがほとんどだった。

金融庁と東京証券取引所のイニシアチブにより、上場企業は2015年からコーポレートガバナンス報告書なるものの提出が求められるようになったのだが、残念ながら当初の企業の対応は表面的であったと言わざるをえない。

企業文化が千差万別であるように、コーポレートガバナンスのあり方というのも企業ごとにまったく異なってしかるべきだ。

これを考慮してコーポレートガバナンス報告書においては、画一的な対応になってしまわないように「Comply（遵守）or Explain（説明）」という考え方になっている。この報告書のなかでは企業のコーポレートガバナンスにとって有益だと考えられる規範が列挙されている。「それがそのまま自社にとって有益だと思えばComply（遵守）してください、そうでなければComplyせずにどうぞ自由にExplain（説明）をしてください」という立てつけだ。

本来、資本主義の根本原理である自由経済下では、**他社とは違った取り組みをしているからこそ利益を得ることができるはずだ。**にもかかわらず、決められたことを的確にこなす人が優秀とみなされる日本の教育システムなどのせいか、日本企業においては他社と違った取り組みを嫌う傾向が非常に強い。

また、コーポレートガバナンス報告書の作成を外部弁護士やコンサルタントに依頼している企業も数多く存在する。コーポレートガバナンスというのは企業価値向上のための考え方なのだから、その答えは企業の内部にしか存在しないはずだ。自分たちの経営をしっかりと見つめ直せば答えは自《おの》ずとそこにあるにもかかわらず、なぜそれを外部に投げてしまうのか？

これらは、「**この国には本当に資本主義があるのだろうか？**」という疑問を持たざるをえないようなできごとであった。

ここ数年で「新しい資本主義」が議論されることが増えたが、新しい古いではなく、「そもそも日本には資本主義が存在しているのか？」というところから議論をしたい。日本の企業においては、「他とは違った取り組みをして結果を出せば報われる」という、資本主義の根本原理が機能していない側面があるのだから。

何のトライもせず、結果的に何のミスもしなかった人が評価されるという企業文化になってしまっていないだろうか？

海外投資家が、横並びばかりで面白みのないコーポレートガバナンス報告書に興味を持たなくなったのは言うまでもないことである。

ESGを戦略的に使う

コーポレートガバナンスという概念を前面に押し出すと話がかみ合わないことが増えていた。私としては企業文化という観点でコーポレートガバナンスをとらえているのだが、そのような目に見えない曖昧な概念を議論することには慣れていない企業が多いのだろう。どうしても「コンプライアンス」という目に見えてわかりやすいが、本質的ではない議論に陥りがちなのだ。その結果、「コーポレートガバナンスは問題ないので結構です」という話になってしまう。

「投資家は『議論』を求めているのに、日本の企業は自分たちの主張をするのではなく、『答え』を求めるので話がかみ合わない」と、長期目線の投資家からもよく聞かされた。たとえば企業による「株主還元はどれくらい必要ですか?」という質問だ。投資家からすると、それが結果的にどんな数字であったとしても、その裏側にある企業のものの考え方や哲学を理解し、そして議論をしたいのだ。これは先述した、「安易に答えを求めるスタンス」や、「自ら考え新しいことに挑戦することへのインセンティブの少なさ」が影響している可能性がある。「ビジネスパーソンはもっと哲学を大事にしなければならない」と感じているのは私だけではないだろう。

これは少し戦略を練り直さないといけないと思っていたときに勃興《ぼっこう》してきたのが、

「ESG」という概念であった。

多くの方が、曖昧な概念を議論することに慣れていない。目に見えない「コーポレートガバナンス」や「企業文化」を本質的に考えようとしていなかった。

ESGという概念にはもちろんそれらの要素が含まれており、時間軸についての議論など資本主義を使いこなすためのヒントがちりばめられている。これらは単体では受け入れられないケースが多いのだが、ESGというと、まず環境問題や人権問題という明確な課題が目につく（企業が取り組むべき「答え」に見える）ため、非常に受け入れられやすかった。ESGを前面に押し出すことによってまずは心を開いてもらい、そのあとにコーポレートガバナンス改革を推進していくという戦略をとることにした。

「トロイの木馬」作戦

ＥＳＧとは改めて、Environment（環境）、Society（社会）、Governance（企業統治、コーポレート・ガバナンス）の頭文字を取ったものだ。「環境や社会、企業のガバナンスという要因が株価パフォーマンスに影響を与えうるので、投資家はＥＳＧを考慮すべきではないか」。２００６年に、当時の国連のアナン事務総長の問題提起から生まれた考え方だ。

ＥＳＧというと、主に環境問題や人権問題への対応を連想する人が多いが、それだけが本質ではないと私は考えている。**「今だけ、自分だけ」という企業経営のあり方を根本から変えていかないといけない。**それが、「時間軸の短期化」や「成長の目的化」が起こってしまった資本主義による弊害を取り除き、社会の持続可能性を取り戻すために必要だ。

企業は今後、環境コストや社会コストを当然のように負担することが求められるようになり、利益の概念そのものが変わってくる（図15）。

図15 ESGを考慮した利益の概念の変化

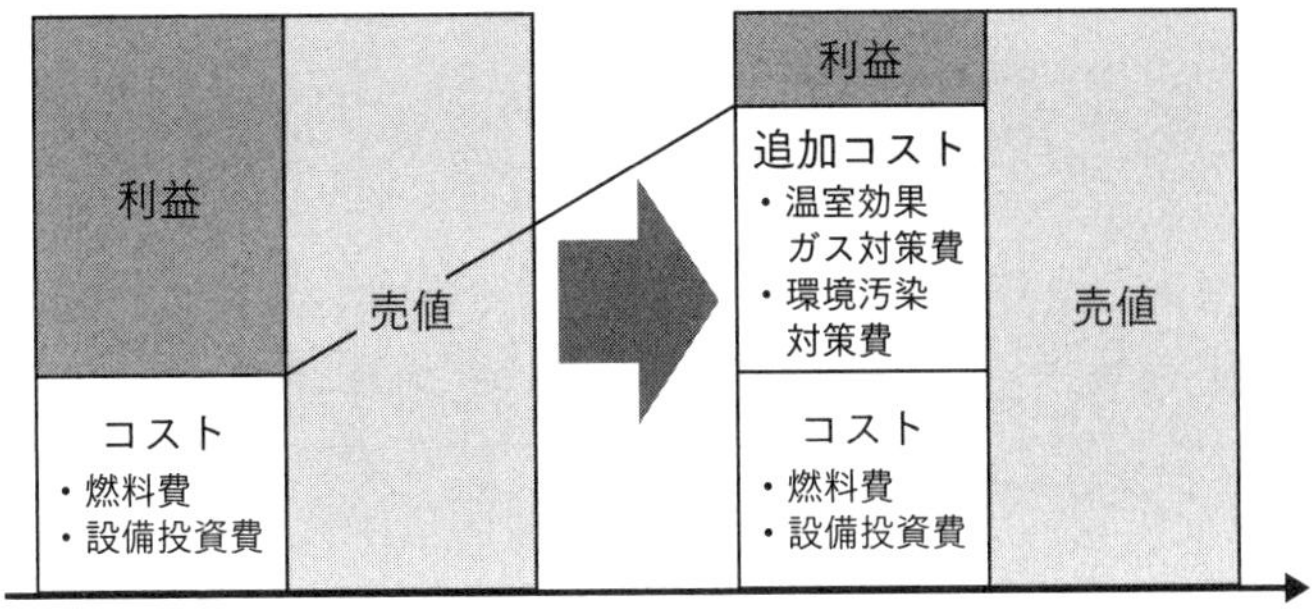

コーポレートガバナンスがしっかり機能していれば、社会の価値観の変化を理解して環境問題や人権問題といった数十年単位の取り組みにも自然と目がいくはずなのだ。

「うちはコンプライアンスには問題ありません」と対話を阻まれていては、コーポレートガバナンス改革は進まない。少しでも議論を前に進めるための戦略を考えなければならなかった。

「持続可能な社会へ」という人類共通の理想を語って共感を獲得し、そのためには企業文化やコーポレートガバナンスが重要だと徐々に理解してもらう。この戦略を私は「トロイの木馬作戦」と呼んでいた（古代ギリシャに、敵を安心させておいてから、巨大な木馬に兵士を忍ばせてトロイア軍を滅ぼしたという神話がある）。壮大な目的のためには、「入口」の手段を選んではいられない。

投資家の「日本参入」メリットを考える

私は日本企業に対する啓発活動と並行して、海外の投資家に対して日本株を売り込む取り組みをしていた。しかし彼らはそう簡単には振り向いてくれない。

「アメリカの企業は、真剣に経営に取り組んで企業価値を上げる努力をしている。開示は英語で、内容も充実している。そのような企業を調べるだけで手一杯なのに、**なぜ英語の開示がほとんどなく、真剣に企業価値向上に取り組んでない企業が多い日本株に時間を使う必要があるんだ？**」

北米の投資家にこのように言われてしまうと、ぐうの音も出ない。世界中で優良な投資マネーを争奪しているなかで、日本が蚊帳《かや》の外であることを実感せざるを得なかった。

私も、日本のコーポレートガバナンス改革が進展していることをがんばって説明するのだが、説得力の乏しさは否めない。「日本の改革はずっと水面下で進展して、あるとき急に動き出す。もう少し気長に見ておいてほしい」と、明治維新の事例を挙げつつ下手な英語で何とか食らいつくのだが、どれだけ伝わったかは心許ない（彼らは明治維新のことを知らない可能性が高い）。日本が海外投資家から見向きもされていないことを肌で感じながら、コーポレートガバナンス改革を加速させねばと改めて心に誓うのだった。

また、長期目線を持っている投資家に対しては、政策保有株式が売却された際に保有してもらえるように積極的に働きかけていった。政策保有株式の根底には、経営者と短期目線の投機家の相互不信があるのだから、**長期目線を持っている投資家に数多く日本市場に参入してもらわなければいけない。**企業と投資家の間で互いに対する信頼を築くことが必要だった。

もちろんそれは、長期目線の投資家にとってもメリットがあることでなければならない。私は投資家に対して日本の政策保有株式の仕組みをすべて説明した。「経営者が政策保有株式の解消を受け入れるということは、投資家に対して本気で向き合う覚悟ができたことのあらわれだ。投資家にとって絶好の投資タイミングとなるはずだ」と説いて回った。

このような取り組みを理解してくれる長期目線の投資家と、本気で投資家に向き合おうとしている経営者を信頼でつなぐことができれば、相互不信の負の連鎖を打破することができるはずだ。**そしてその「信頼の輪の中心」となれるのは、資本市場の番人である証券会社だけだろう。**

「清水さんであれば、信頼して任せます」と、企業側からも投資家側からも言ってもらえるだけの信頼を勝ちとることが、資本市場の流れを変えるために必要だった。

金融教育は哲学だ

資本市場に長期目線の投資家を増やすことで政策保有株式の解消を促し、さらには持続可能な社会の構築に寄与するために必要となってくるのが、**最終的な投資資金の出し手である個々人に対する金融教育**であろう。

私はよく、自分の子どもたちに「**お金には名前が書いてある**」と話している。前にも触れたが、最終的な資本の提供者でもある個々人が短期的な利益を得る目的で資本を投下してしまったら、企業も投資家も短期的な成長を求める方向に流されてしまう。たとえば、いくら企業が持続可能な社会のために努力したとしても、それを評価できる個人が存在しないことになる。その企業は経済的な利益を得ることができずに、皆が小さいアワビを乱獲するなかでアワビの成長を一人待つ漁師のように、「正直者が馬鹿を見る」状況になってしまうのだ。

最終的な資本の出し手である個人、特に今後大きな影響力を持つであろう将来世代に対する金融教育が重要だと常々考えていた私は、非常に地道かつ長期的な取り組みではあるが、「ビジネスの力で世界平和に貢献する」というタイトルで中高大学生向けのセミナーを開催する覚悟を決めた。「覚悟を決めた」というと大げさに聞こえるかもしれないが、日々の業務があるなかで新しいこと、しかも直接的な利益にはまったくつながらないことを始めるのは相当な覚悟が必要となる。

しかしこれまで散々、企業や投資家の方々に持続可能性の重要性を啓発してきたにもかかわらず、いちばん大事な将来世代に対する教育を手掛けていないことに対して、自分自身を許せなくなっていた。「そんなことは、証券会社の営業である君の仕事ではない」と言われてしまえば否定のしようはないが、私は証券会社の営業である前に宇宙船地球号の乗組員であり、次世代に対して責任を負っているのだ。

さすがにこれは収益化までの時間軸が長すぎるために社内の承認をとるのに苦労した。しかし講演場所の確保、プレゼンの作成から資料のプリントアウトまで、すべての雑務を自分たちだけで完結させてコストをまったくかけないという前提で、スタートすることができた。ときには、会社を休んで中学校や大学へ出かけていき、講演をすることもあった。

「金融教育」といっても、その内容は禅問答に近い。セミナーの内容は「ビジネスの力で世界平和に貢献する」のタイトル通りだ。**「理念だけでは世界は変わらないので、経済力というバックボーンを活用しなければならない」**ということを念頭に置きつつ、**そのためにはものごとの本質を見極めることが重要だ**という話をした。

たとえば、図16は何だろうか。

図16

見た目そのままで「長方形」と答える人が多いかと思うが、それはある一面の話でしかない。ちょっと角度を変えて見てみると実は直方体かもしれないし、四角すいかもしれないのだ（図17・18）。

昨今メディアで問題視されている「切り取り」はまさにこういうことだ。ある側面から見た長方形という形が、あたかもその物体のすべてかのような錯覚を与えてしまう。しかもこの長方形自体はけっして間違いではなく、ある側面から見たときの真実なのだからタチが悪い。我々はこのような切り取り的な報道に惑わされてしまわないように、ものごとを

図17

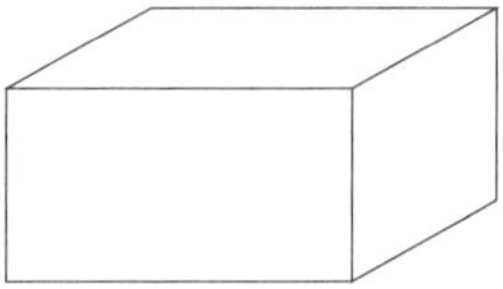

図18

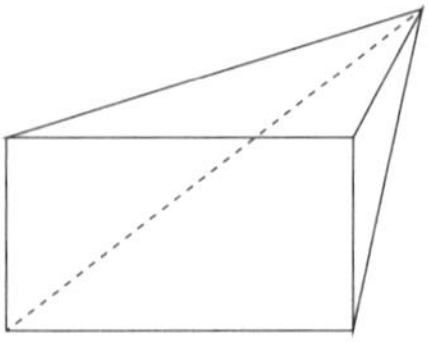

横から見たり上から見たり、ときには内側から見たりすることでより真実に近い本質を見極めねばならない。ＳＮＳによって簡単に情報が手に入る現代のような社会だからこそ、ある側面だけを見てすべてを理解したような錯覚に陥ることは厳《げん》に戒めなければならないという話だ。

私が某中学校で全校生徒向けに講演したときの次のような感想を見ると、少しは伝わったのだろうと思う。

「持続可能な社会をつくるということが、自分たちが社会人になってくるころにすごく大事になってくることがわかった。いま、自分にできることは勉強をたくさんしたり、ものごとの本質を見極める力をつけることだ。いろんな見方をしてみることが情報に踊らされないために大切なことだと思った」

中高大学生向けセミナーだけではなく、私はすべてのセミナー後に必ず匿名のアンケートをとるようにしていた。記名式だと言いたいことが言えずに、セミナーに対する本当の評価がわからなくなってしまう恐れがあるからだ。記名式の場合の忖度《そんたく》たっぷりの評価を鵜呑みにしてしまったらプレゼンの質が下がっていき、いつのまにか誰も来てくれなくなるという憂き目にあいかねない。

これはまさに、政策保有株式を保有することによって優先的に取引を獲得し、商品力が落ちてしまうことと同様だ。

とても大変なことではあるが（実際私は、毎回アンケートの内容をチェックするのが怖くて仕方がなかった）、常に厳しい評価に身をさらし続けるからこそ、自分の「商品力」を向上させることができるということを忘れてはならないのだ。

「素晴らしい取り組みだと思います。是非、可能な限り続けてください」といったコメントを頂くこともあり、どれだけ収益環境が厳しいときでも歯を食いしばりながら続けてきた。社内外での講演回数は20回を優に超え、講演を聞いてくれた若者の数は1000人以上となった。もしかしたらそのうちの誰かはこの本を手に取ってくれるかもしれない。彼らが社会人になり、資本主義を活用して世界を持続可能に変えるという取り組みを引き継いでくれたならば、このうえない幸せだ。

この講演会には非常に意識の高い若者たちが参加してくれていたように思うが、ときにはシビアなコメントを頂くこともあった。とある学生さんから、「清水さんの言いたいことはわかりますが、大人たちが本気で僕たちの将来のために動いてくれているとは思えません。正直、僕たちはもう諦めています」と言われたときには、返す言葉もなかった。おそらく、彼らが感じている危機感や絶望感は我々の想像以上であり、我々の現状の取り組みに対しては真剣さを感じとることができないのだろう。我々はもっと、将来世代の危機感や絶望感に思いを馳《は》せなければならないと気づかされた。一方で同じ学生さんから、「大人の中にも清水さんのような、侍のような人がいるということを知れたのはとても良かったです」と言ってもらえたときには、涙腺が崩壊してしまった。

某大学にて講演をしたときには、実際に「どの企業に投資をすべきなのか」という議論になった。私から個別企業名を出すと後々大変なので「社会に必要とされる企業」とだけ答えたのだが、ある学生さんから「私は東京ディズニーランドを運営しているオリエンタルランド社の株を持っているのですが、どう思われますか？」と突っ込まれてしまった。私は仕方なく、「皆さん、ディズニーランドに遊びに行ったら楽しくて幸せになるでしょ？　それって社会に必要な企業ってことですよ。僕なら永久保有しますね」と答えた。もしそのときの学生さんが私の言うとおり保有し続けていたならば、その後株価は3倍以上になっている（もちろん、投資は自己責任で）。これが成功体験となり、その学生さんが将来ウォーレン・バフェットのような投資家になってくれればと、妄想せずにはいられない。

「資本市場ファースト」がリピーターを生む

実際の政策保有株式の解消取引においては、ＧＳがいったん株式を買い取り、その後に投資家に転売するという「ブロック取引」を活用した。

政策保有株式の根底には短期目線の投機家と経営者の間の相互不信があるのだから、その解消（売却）においては「我々証券会社がなるべく長期目線の投資家に転売する」ことが期待されるケースがほとんどだ。しかし市場環境が時々刻々と変わり、取引の情報管理も厳重にしなければならないなかでは、結果的にどのような投資家が買ってくれるかは最後まで予断を許さない（ブロック取引の情報が事前に株式市場に漏れてしまうと、取引前に株価が下がってしまいかねない）。

資本市場の取引である以上、そこには必ず、「誰が購入するかわからない」という不確実性が存在する。通常、1企業の「政策保有株主」は複数存在し、さらには何度かに分けて売却を進めていく。そのため、政策保有株式の解消（売却）の過程においては、何度も取引を繰り返していくことになる。そうすると1案件で大きく利益を得ることにこだわるのではなく、案件に関連する全員（売る側、売られる側、そして買う側の投資家の三者）が満足できる形にこだわりを持ち、リピーターを増やしていくことが重要になる。

証券会社は、株式の売買の仲介で収益を得ている。大量の株式を売ろうとしている創業者などは「大口顧客」になりやすい。しかし、大量の株式が一気に市場に売られることは株価を下げる要因になり、特に創業者が自社株を一気に売るのは他の株主にとって背信行為に近い。

ある創業者の株式売却の案件の際、私は資本市場への影響を考え、「まずは少なめの株数から売りましょう」と提案した。すると先方からは、「売却する株数を減らそうと提案してきた証券会社はGSさんだけだった」と、取引を任せて頂けることになった。目の前の利益よりも資本市場のことを第一に考えたことが伝わり、信頼につながったのだ。実際に少量ずつ売却を進め、その後株価も上昇したため、我々も含めたすべてのステークホルダーがウィン・ウィン・ウィンとなった。

けっしてすべての案件がうまくできたわけではないが、このようなスタンスにこだわりを持ち続け、ほとんどの案件においてお客様にリピーターになって頂けたのは、大きな成果だったと思っている。

日本開国のきざし

ＥＳＧに関する啓発活動を中心に据えつつ、日本企業の意識改革を促し、「結果的に政策保有株式の解消に関連するビジネスを展開する」という業務推進部の取り組みは唯一無二であった。私の知る限り、どこの証券会社にも似たような部署は存在しておらず、過去にも知らない。前代未聞のチャレンジであり、結果的に前代未聞のできごとが増えていった。

私の活動が丸井グループ社の青井社長の目に留まり、「株式営業をやりながらＥＳＧを啓発している面白い人」ということでＧ１経営者会議でご一緒させていただいた。Ｇ１経営者会議の参加者はほとんどが経営層の方々で、一介の証券会社の営業がいられるような場所ではない。

また、日本郵船社のＥＳＧ経営推進の外部アドバイザーも務めさせて頂いた。[10] 私のような株式部門の営業が、このようなアドバイザーに就任するというのは異例中の異例であった。

外資系の証券会社に対する鎖国も少しずつ解除される流れが見えてきて、「今後は主幹事証券会社以外も、是々非々で使うようにしました」という企業が増えてきた。あるときは日頃の活動が認められたのか、「基本的には外資系はNGだが、GSの業務推進部とだけは付き合っていきたい」と言っていただけることもあった。

資本市場界の鎖国の根底には根深い相互不信があるのだから、まずは自分たちがすべてをさらけ出さなくてはいけない。「北風と太陽」のストーリーにたとえれば、時間をかけて信頼してもらうという「太陽政策」だけが唯一の手だった。力ずくで結果を得ようとすると「北風政策」になってしまい、相互不信がさらに深まるだけだ。クビになることを恐れず、適切な時間軸にこだわり続けたからこその結果であったと思う。

それと同時に企業側の投資家に対する鎖国も少しずつ解除され、政策保有株式に頼らずとも投資家と真正面から議論をすることを厭《いと》わない企業が増えてきた。

ある金融機関の方が「**最近はESGをベースにしたセミナーのおかげで、政策保有株式の売却が進めやすくなってるんです**」とおっしゃっていたときには、「それ、僕っすね！」と心のなかでガッツポーズをした。

また、時価総額数兆円の大企業の財務担当の方が、「政策保有株式は、資本市場のあるべき姿に弓を引く行為だと痛感した」とおっしゃってくれて、政策保有株式の売却に向けて社内で奔走してくれた。政策保有株式に頼ることなく、しっかりと資本市場に向き合って商品力を鍛える道を選択したこのメーカーの企業価値が高まったことは言うまでもない。

「空気の読めない」改革者の共通点

どこの企業にも「自分の会社を何とかしたい」という熱い志を持っている人がいらっしゃるものなので、そのような方から相談を受けることが増えていった。このような方は、普段は熱い志を表に出すことはないのだが、私のセミナーやメルマガの発信に何度も触れていただき、「この人になら相談できるんじゃないか」と思ってくれたのだろう。

彼らは社内の力学だけでは会社を変えることができないことを理解したうえで第三者の力を使って会社を変えようとされていて、私も経営層向けの講演会を開催することで援護射撃をさせていただくことが何度もあった。かれこれ数十社は担当させていただいただろうか。なかには会社に見切りをつけて辞めていかれる方もいらっしゃったが、まだ闘い続けている方も数多くいらっしゃる。そのような方々を私は勝手に「同志」と思っているのだが、この本がその同志たちへの援護射撃となってくれたならばこの上ない喜びだ。

同志の共通点とも言えるのが、「客観性を持っている」ということであった。たとえばIR部門で投資家と対話をしているとか、転職・出向経験者などだ。このような方々を見ていると、社内の論理に染まり切ることなく、客観性を持って自社の本当の姿を見抜くことができるからこそ、危機感を持って改革を推し進めようとするのだと感じる。

このように自社を客観的に見ることができる能力というのも、ダイバーシティの非常に重要な要素だろう。企業価値向上において必要となるダイバーシティというのは外形的なものではなく、このような「考え方のダイバーシティ」であることを忘れてはならない。

まだまだ同志の存在は少数派であり、圧倒的な同調圧力の前に屈することも多い。しかし、このような変化の芽を大事に育てていかなければならない。そのためには人材の流動性を高め、多様な考え方の人材を多く取り入れることによって組織内の風通しを良くし、変化のスピードを加速させることが効果的だろう。

また、若手の意見を積極的に取り上げ、一見非常識な意見も面白がるという大らかさがあるとなお良い。いつの時代も、新しい時代を切り拓くのは「よそ者、若者、ばか者」なのだから。

私の同志は事業会社だけではなく、投資家のなかにもたくさんいらっしゃる。彼らは事業会社に寄り添いながら、企業との相互不信を乗り越えてインベストメント・チェーンの良きプレイヤーとなるべく、地道な活動を続けている。我々は投資家という存在を一言でくくってしまいがちだが、本物の投資家と、短期目線でゼロ・サム・ゲームをやっている投機家はまったく異なる存在であることを理解しなければならない。

とある企業のＩＲ担当者とお話をしたときに、「話をした投資家が自社の事業に対する洞察が非常に深く、対話の質の高さに感激したので、個人的にその投資家が運用している投資信託を買っちゃいました」と言っていたが、ファンを生むような素晴らしい投資家も存在する。

このような同志の輪が広がっていき、もっと企業と投資家が協働できるようになれば、持続可能な社会の構築も現実味を帯びてくるのではないだろうか。

■episode. 刀折れ矢尽きる

2016年に業務推進部が立ち上がってからの数年間は非常に順調だった。社会の価値観を変えるという啓発活動は徐々に影響が広がっていき、それに伴ってビジネスも順調に伸びていった。まだ会社が求める収益性には届いていなかったが、このペースで伸びていけば近いうちに十分な収益性を確保できそうな勢いだった。

そんな矢先に起こったのが新型コロナウィルスの流行だ。未曽有《みぞう》のできごとに直面した企業では事業の継続に重点が置かれ、政策保有株式のように喫緊の課題でないものは後回しにされるようになっていった。順調に伸びていた業務推進部のビジネスは一旦、立ち止まらざるを得なくなってしまったのだ。これはこれで社会の「流れ」なのだから抗《あらが》っても仕方がない話なのだが、短期的な成長を求める資本市場はそんなことを考慮してはくれない。社会の流れの時間軸とは関係なく、四半期や1年という人工的な時間軸で収益を上げ続けることが求められる。

政策保有株式の解消に関する適切な時間軸は5年〜10年程度であり、その間も直線的に進展するものではない。3歩進んで2歩戻る、もしくは3歩進んで5歩戻ることもあるのが実体社会の変化のスピードだ。このような実体社会を、無理やり資本市場が求める四半期や1年という時間軸に合わせようとしたら、本質的に何か大事なものを見失ってしまいかねない。

「社会のためになることを、儲かるようにしてみせよう」と覚悟をしたからには、短期的な時間軸に惑わされることなく、適切な時間軸にこだわらなければならない。誰に何と言われようが、これまでのやり方でやれるところまでやってみて、それでダメなら潔《いさぎよ》く会社を去るだけだ。

もちろん私も、20年以上資本市場の最前線で生き残ってきたのだから、ある程度のギャップには耐えられるように多様な時間軸を持つビジネスを混ぜ合わせ、耐性のあるビジネス・ポートフォリオを構築してきた自負はある。この短期的な資本主義社会においては「追い込まれたら負け」であることは百も承知だ。

しかし、その後もウクライナ情勢の悪化、急激な円安と向かい風が次から次にやってくると、どんどん旗色が悪くなっていった（米国の会社では米ドル建てで収益が計上されるため、円安になってしまうと米ドル建ての収益が悪化してしまう）。

極めつけとして2022年の3月に、私の取り組みをサポートしてくれていたアメリカ人のビッグ・ボスが辞めることになったのだ。彼も大変な思いをしていたのだろう。「守ってあげられなくてゴメン」と（流暢《りゅうちょう》な日本語で）言って会社を去っていった。これだけの向かい風のなかで、まだヨチヨチ歩きの業務推進部が、彼のサポートなしに長期的な取り組みを正当化することが困難になるのは明白だった。これまで何度かの試練を乗り越えてくることはできたが、これが最後で最大の試練となるだろう。

それから1年弱の間、迫りくるタイムリミットを感じながらも日々やれるだけのことをやり続けた。

しかし、残念ながら時間軸のギャップを埋め切ることはできず、冒頭で述べた1月11日を迎えることとなった。本質的なことにこだわりを持って16年間耐え抜き、最後まで短期的な資本市場と闘い続けた結果であるので、クビになることに対しては何のわだかまりも未練もない。

私が尊敬し、勝手ながら同志だと思っている投資家の方々からは、「清水さんは確実に、資本市場に爪痕を残しましたね」とか、「きちんと伝える強さと真実を見ようとする洞察力を持ちながら、人間味も兼ね備えている。資本市場にとって必要不可欠な方です」とも言って頂けた。見てくれている人はしっかりと見てくれているのだと嬉しく思ったものだ。

ただ、政策保有株式の課題を解決することによって日本の社会全体に規律をもたらし、日本発で持続可能な資本主義のあり方を打ち出していきたいという私の志はまだ道半ばだ。

1章で分析したように、現在の資本主義は「成長の目的化」、「会社の神聖化」、「時間軸の短期化」によって変質してしまい、さまざまな問題を引き起こしている。

2章では政策保有株式について見てきた。日本社会には**「是々非々でものごとが決まりづらい」**という課題があり、日本経済の競争力低下の要因だと私は考えている。政策保有株式は、この課題を象徴した存在に過ぎない。

私は、持続可能な世界を目指すにあたって日本が貢献できる面が非常に大きいと思っているが、日本社会がこの課題を克服し、資本主義をうまく使いこなせない限りは絵に描いた餅であろう。

残念ながらGSにおける私の挑戦は道半ばとなったが、今後環境や手法は変われど、是々非々でものごとが決まるように日本社会の価値観を変えていく取り組みを続けていくつもりだ。そのために3章では、経済活動のあらゆる場面に健全な緊張感をもたらすために、私が考えていることをまとめてみた。少しでも誰かの心に響き、いずれ大きな流れにつながっていくことを願っている。

3 ピラニアを放り込め！

3-1. 過去の言葉になった「Asia ex Japan」（日本を除くアジア）

インフレや円安は「突然」起こったのではない

海外旅行に行ったら物価の高さに驚くというニュースをよく聞くようになった。たとえば米国ではラーメン一杯が３０００円近くもするらしい。世界的にインフレが進行するなか、円安もあいまって２０２２年度の日本の貿易赤字は約22兆円に達した。国内の富がどんどん流出していっている。[11]

突然インフレや円安が襲ってきたと思う人は多いかもしれないが、**けっして「突然」ではない**。これまでもそのような兆候は至る所で観測されていたにもかかわらず、気づかなかっただけなのだ。

GSのような外国資本の会社で働いていると、グローバルな資本の移動がよくわかる。外国資本が日本を通り越して中国やインドへ投下される様子を「**Japan Passing（日本の素通り）**」と表現するのだが、かれこれ10年以上はこの状態が続いている。外国資本の会社からすると、自国以外へのビジネスの展開は収益性によって厳しく判断され、投資する魅力のない国とみなされてしまえば、外国資本は逃げていく。

日本は世界有数の経済大国ということでアジア地域のなかでも特別扱いされ、これまでは「**Asia ex Japan（日本を除くアジア）**」のようにアジア地域を日本と日本以外に分けて管轄するというのが通常だった。しかし昨今は日本の特別扱いがなくなり、すべてのアジア地域をまとめて統括する流れが加速している。そしてその中心地は東京ではなく、シンガポールや香港なのだ。

ここ数年は米中摩擦が激化しており、以前よりも中国の重要度が下がったように感じるが、だからと言って外国資本の会社が日本に資本を投下するという話にはならず、インドやインドネシアなど、今後も経済発展が見込まれる地域に資本を投下することになると思われる。

ＧＳ時代にアジア地域のタウンホールミーティングに出席していると、10年前は日本の話題が４割くらいあったのが、いまでは１割を切ってしまっている感覚だ。

30年「失い」続けても「安定」の日本

効率性と規律が不足し、日本の資本市場の地位低下は著しい。これは世界中の企業の時価総額上位の顔ぶれの変遷を見れば一目瞭然だ（図19）。１９８９年時点においては上位30社のうち21社が日本企業だったのだが、２０２３年においてはとうとう日本企業が０社になってしまった。日本で最大の時価総額を持つトヨタ自動車でさえ、世界で見ると33位だ。

「失われた30年」とは聞き飽きている方も少なくないと思うが、感覚的にはやはり実感は湧きづらい。日本の地位低下に関しては私もよくセミナーなどで話をしてきたが、一様に驚かれることが多い。まったく信じてもらえないということもあった。

やはり島国である日本には海外の情報が実感を伴って入ってくることが少なく、世

図19 世界の時価総額ランキングの変遷(1989年と2023年)

世界時価総額ランキング Top40（1989年）

順位	企業名	時価総額（億米ドル）
1	日本電信電話	1,639
2	日本興業銀行	716
3	住友銀行	696
4	富士銀行	671
5	第一勧業銀行	661
6	IBM	647
7	三菱銀行	593
8	EXXON	549
9	東京電力	545
10	Royal Dutch Shell	544
11	トヨタ自動車	542
12	General Electric	494
13	三和銀行	493
14	野村證券	444
15	新日本製鐵	415
16	AT&T	381
17	日立製作所	358
18	松下電器	357
19	Philip Morris	321
20	東芝	309
21	関西電力	309
22	日本長期信用銀行	309
23	東海銀行	305
24	三井銀行	297
25	Merck	275
26	日産自動車	270
27	三菱重工業	267
28	Dupont	261
29	General Motors	253
30	三菱信託銀行	247
31	BT Group	243
32	BellSouth	242
33	BP	242
34	Ford Motor	239
35	Amoco	229
36	東京銀行	225
37	中部電力	220
38	住友信託銀行	219
39	Coca-Cola	215
40	Walmart	215

世界時価総額ランキング Top40（2023年）

順位	企業名	時価総額（億米ドル）
1	Apple	29,304
2	Microsoft	23,191
3	Saudi Aramco	20,840
4	Alphabet	13,887
5	Amazon.com	12,039
6	NVIDIA	9,093
7	Tesla	7,041
8	Meta Platforms	6,576
9	Berkshire Hathaway	6,727
10	Visa	4,766
11	TSMC	4,467
12	LVMH	4,153
13	UnitedHealth Group	4,110
14	Eli Lilly	3,961
15	Johnson & Johnson	3,919
16	Tencent	3,870
17	ExxonMobil	3,886
18	Walmart	3,783
19	JPMorgan Chase	3,748
20	Broadcom	3,491
21	Samsung Electronics	3,531
22	Procter & Gamble	3,325
23	Mastercard	3,296
24	Novo Nordisk	3,183
25	Oracle	3,077
26	Visa International	2,921
27	Kweichow Moutai	2,840
28	Nestle SA	2,876
29	The Home Depot	2,805
30	Merck	2,644
31	Chevron	2,669
32	ASML Holding	2,545
33	トヨタ自動車	2,534
34	Coca-Cola	2,440
35	PepsiCo	2,347
36	Costco Wholesale	2,233
37	Roche	2,198
38	AbbVie	2,194
39	L'Oreal	2,171
40	中国工商銀行	2,134

出所：(1989年）ビジネスウィーク誌（1989年７月17日号）「THE BUSINESS WEEK GLOBAL 1000」、「週刊ダイヤモンド」2018年８月25日号記事を基に著者作成
(2023年）SPEEDA を基に著者作成

界の流れに対して鈍感になってしまう。

この本の執筆中、会社に行かなくなって数ヶ月が経ったときに、はっと気がついた。世界規模で何が起こっているかという生の情報に触れることがなく、日々安全で落ち着いた日常がそこにあると、このような日常が永遠に続くかのような錯覚に陥ってしまうのだ。比較的情報が入りやすい東京でこうなのだから、地方都市ではなおさらだろう。ましてや、私の実家近辺の「秘境」では……。

この本の原稿を書きながらも、早く社会復帰して世界の流れを直接感じられる場所に身を置かねばと、焦る気持ちを抑えられない。

先人たちの血のにじむような努力のおかげで、日本は戦後復興の過程で豊かになって十分な蓄積ができた。「失われた30年」と言われる期間を経ても国が「安定している」という事実も見逃せない。30年「失い」続けても国が安定しているなら、これからもずっと安定しているという錯覚に陥ってしまうのも仕方のないことだろう。

しかし、今後も日本が富を失い続けるかというと、いずれこれ以上失うものがないところまで行き着くはずだ。もしかしたらそのときには、一時期のギリシャのように島を売却するしか残された手段がなくなるかもしれない。

誰もそんな悲しい未来を望んではいない。**しかし誰も望まないからといってその未来が現実のものにならないかというと、話はまったく別だ。**誰も望まない未来を避けるためには、何が課題なのかを的確に把握し、その課題に対して個々人が自分ごととして向き合う必要がある。

とはいえ「日本はいまだに世界有数のＧＤＰを有する経済大国じゃないか」と思われる方も多いだろう。確かにそれはその通りなのだが、残念ながらそこには効率性と規律（忖度《そんたく》なしでものごとが決まるダイナミズム）が足りていないと言わざるを得ない。それは2章で考察してきた通りだ。

少々、手厳しいことを書いた。このままでは日本は、どんどん世界の流れに置いていかれてしまうかもしれないという私の危機感を、少し共有できただろうか。

茹《ゆ》でガエルから脱出する方法

「茹でガエル」という言葉がある。カエルを水の中に入れて徐々に温度を高めていくと、カエルは温度に適応し続けるために熱いということに気がつかず、気がついたときには既に茹で上がってしまっているという話だ。

私は外国資本の会社で長く働いていたことから、日本を客観的に眺める機会が比較的多かった。規律がないままに失われた30年を過ごしてきた日本では、この茹でガエル化現象が起こってしまっていると感じていた。しかしこの状況は、日本を内側からだけ眺めている人にとっては、気づくことが非常に難しい（だからこそ茹でガエル化してしまうのだが）。

しかし決定的な危機感を感じられるタイミングはなかなか訪れず、もし訪れたとしてもそのときにはすべてが手遅れである可能性がある。既に温度がかなり上がって危険ゾーンに達していることを感知し、自らお湯の中から脱出するという決断をしなければならない。

そのためには「共感と客観、そして少しの勇気」が必要になると私は考えている。日本の実状を理解しながらも客観的な第三者の目を持ち、ものごとを変えていくために勇気を持って行動できるかが問われるのだ。

かつて私の上司のフランス人がタクシーの中に財布を忘れたことがある。そうしたらタクシーの運転手が駅の構内まで追いかけて財布を届けてくれたらしく、上司がいたく感動していた。我々からしたらそれほど驚くことではないかもしれないが、彼にとっては奇跡のようなできごとだったのだろう。このように世界に誇れる素晴らしい精神文化を持っている日本に対して私は、共感というよりも愛情に近い感情を持っている。

また外国資本の会社で長く働いてきたことで、日本が海外の投資家からどのように見られているかを肌で感じ、客観的な意見も多く聞いてきた。

そんな私だからこそ少しだけ勇気を振り絞り、日本が茹でガエルから脱するきっかけになってほしいという願いを込めて、**「経済活動のあらゆるシーンに規律をもたらす考え方」**について書いてみたいと思う。少し表現が強い部分もあるかもしれないが、そこは愛情が強すぎるがゆえだということで大目に見て頂けると幸いだ。

1．「ゼロヒャク思考」に陥るな

GSをクビになって時間ができたので、米国のボストンへ旅行をした。驚いたことにボストンでは飲酒運転が許容されているらしい。日本の常識にとらわれていた私にとっては新鮮な驚きであった。

もちろんベロベロに酔っぱらった状態で運転をすることは言語道断だが、お酒が強い人はビール数杯くらいなら酔わないだろうし、運転にはほぼ支障がない。事故を起こした際の責任は厳密に問われるが、正常な運転ができるかどうかは自己判断に任せられているのだ。**ビールを一口飲んだからダメで、何も飲んでいないから大丈夫という細則主義**ではなく、**事故を起こさないという目的のために、すべて自己責任のもとで判断しなさいという原則主義**が米国では個人レベルで浸透している。

すべての事象にはプラス面とマイナス面があることを前提に、プラス面が勝っていればGoだし、そうでなければStopという合理的な考え方が原則主義の根幹だ。**要は、「ゼロかヒャクか」のように明確に分けられるものではなく、程度問題ということだ。**アメリカ人の上司に対して何かしらの判断を求めた際に、Good（良い）とかBad（悪い）ではなくReasonable（妥当である）とかMake sense（筋が通っている）と返ってきたのも、このような考え方が背景にあったのだろう。

日本では逆に、何ごとも細かい規則を作ってそれに従うことを良しとする風潮が強い。これはこれで、1つの明確な方向に向かう際には凄まじい力を発揮するのだが、残念ながらこの細則主義の中からイノベーションは生まれづらい。この原則主義と細則主義をケース・バイ・ケースで使い分ける柔軟さが必要なのである。

金融業界においてもこの違いは顕著だ。日本の銀行では支店が閉店したあとに1円でも帳簿が合わなかったら、全員で隅から隅まで探すそうだ（都市伝説かと思っていたが、どうも本当らしい）。しかし海外の決済機関においては、数ドル単位の誤差であれば原因を究明するための人件費が無駄だということで、問題なく決済ができてしまうことがある（もちろん、誤差が大きければ徹底的に調べる）。このような考え方がグローバル・スタンダードとなっているために、日本の金融機関との取引で海外決済機関を使う際には非常に気を遣ったものだ。こちらとしては1円単位で正確に決済が終わるまで気が気でないのに、海外の決済機関は「なんでそんな細かいこと気にしてるの？」とまったく意に介さないのだ。さすがの私も日本の金融機関に対して「1円足りませんが、グローバル・スタンダードだから問題ないですよね？」とは口が裂けても言えなかったが、費用対効果を考えてもう少し原則主義を導入しても良いのではないかとつくづく思ったものだ。

これからの日本で「何度も挑戦すること」が合理的な理由

「ゼロかヒャクか」ではなく、原則主義で判断をするためにはまず、ものごとが持つプラス面とマイナス面の「両方」を的確に把握しなければならない。

利益を得ることの対価としては常に損失の可能性がつきまとい、濡れ手で粟《あわ》をつかむようなおいしい話は存在しない。そこには必ず、「不確実性」が存在するのだ。これをグラフにすると図20のようなイメージだ（縦軸に可能性、横軸に損失額／利益額をとっている。現実社会においては、分布は必ずしも左右対称とはならない）。

自由経済をベースとする資本主義社会においては、すべての事象がこのような「不確実性」を持っていることを理解しなければならない。**我々が資本主義をうまく使いこなすためには、この「不確実性」と向き合う心構えが重要になるのだ。**この心構えなくしては原則主義によって合理的にものごとを判断することができず、ダイナミズムも生まれてこない。

しかし私を含め日本人は、「不確実性と向き合う」ことを極端に嫌う傾向が強い。その背景には、戦後復興の成功体験があるのではないだろうか。経済全体が成長しているなかでは図21のように分布自体が右側にシフトし、損失を被ることが少なかったと考えられる。結果的に「成功」する可能性が高かった。

そして我々は**「不確実性」に対する感応度が下がってしまったのではないだろうか。**また、これは答えがあることを前提とした日本の教育システムにも影響を受けているかもしれない。そして日本では、国全体で不確実性を避ける傾向が非常に強くなった。不確実性が存在しなければ確かに損失は生じないが、その代わりになんの利益も得られない。

今後人口が減って経済が停滞していく可能性が高い日本においては、図22のように分布の中心が左側へシフトしていくだろう。「損失」、言い換えれば「失敗」の可能性が上がる。

そのような局面においては、不確実性と向き合いながらチャレンジをし、分布の右側を目指していくという姿勢が欠かせない。必ず勝てる勝負は存在しない。一方で勝敗の可能性が五分五分であれば、サイコロを転がすのと同じだ。我々はセンスと努力によって、可能な限り勝てる可能性を上げていかねばならない。

たとえ勝てる可能性を6割まで上げたところで、時の運によって4割は負けることになるが、それは失敗ではない。その負けから学びを得て、次の勝負で勝てる可能性を7割に上げていけば良い。**失敗を恐れずに何度も挑戦するからこそ、結果的に利益を得られる**という資本主義の摂理を再認識しておきたい。

図20 損失をする可能性と、利益を得る可能性の分布

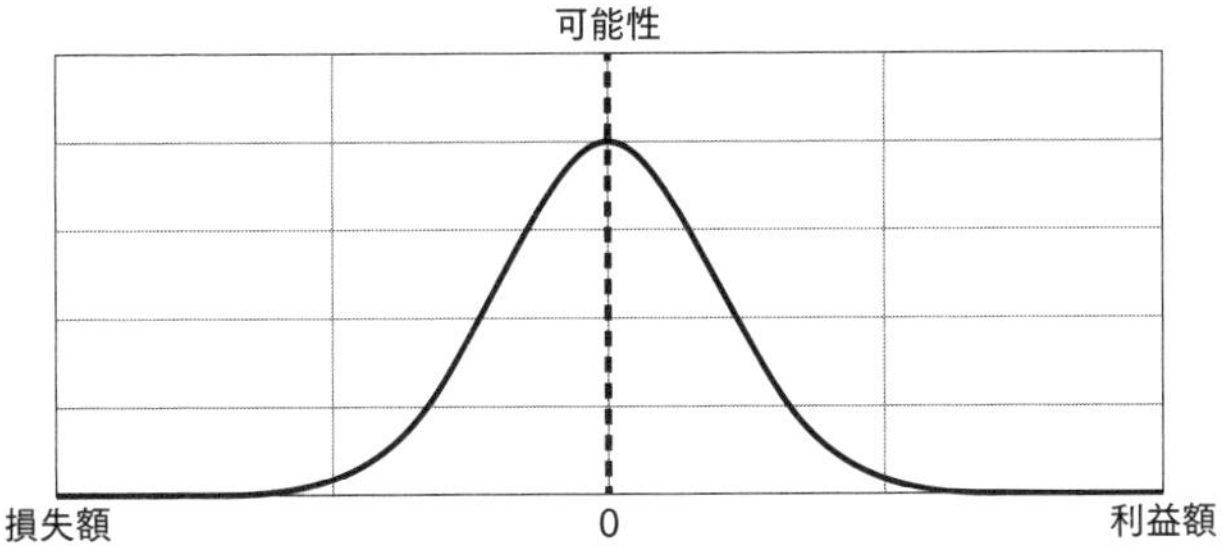
可能性
損失額
0
利益額

図21 戦後復興の経済成長における損失と利益の可能性の分布

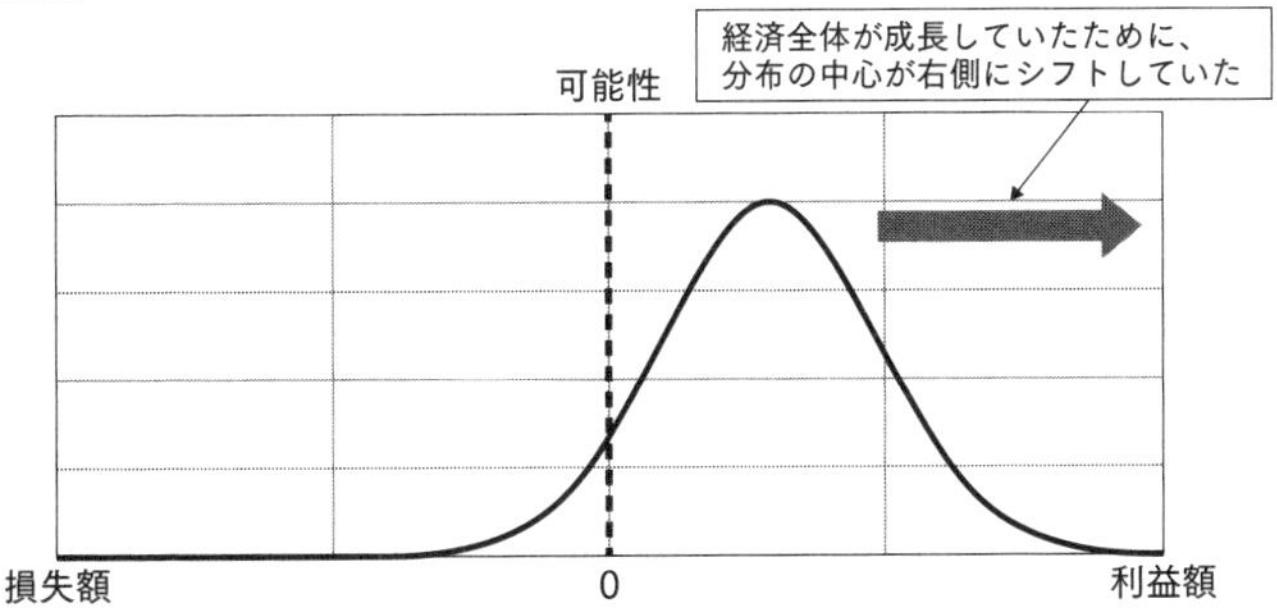
経済全体が成長していたために、
分布の中心が右側にシフトしていた
可能性
損失額
0
利益額

図22 経済が停滞するなかでの損失と利益の可能性の分布

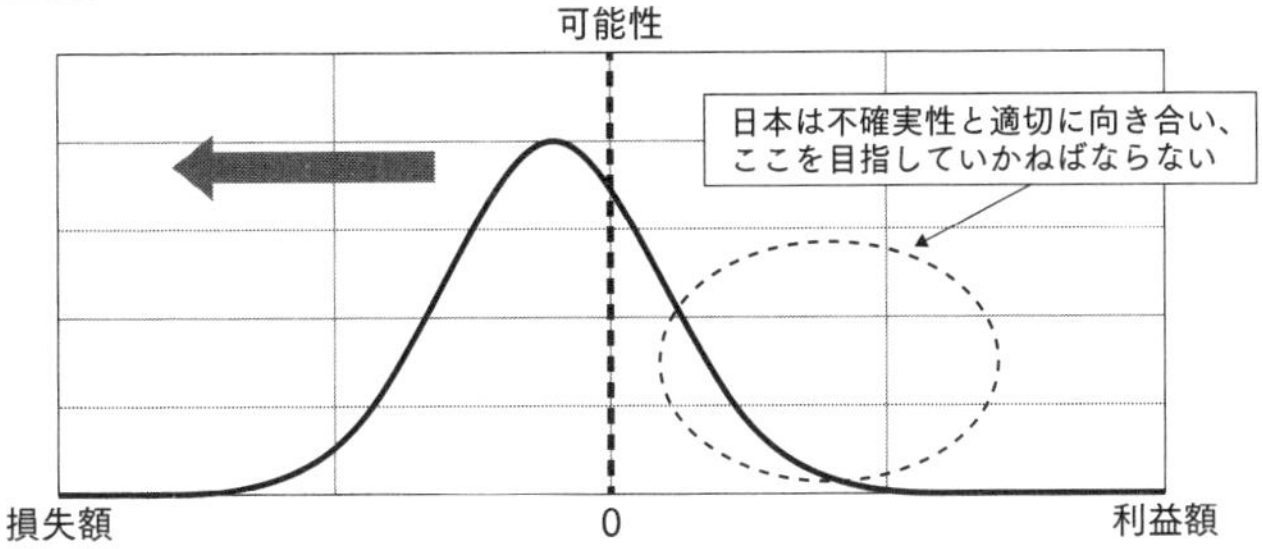
可能性
日本は不確実性と適切に向き合い、
ここを目指していかねばならない
損失額
0
利益額

2．しがらみの力を解く「ペンギン」

たとえ課題が的確に把握できたとしても、**実際に何かを変えようと行動に移すとなると大きな困難が伴うものだ。**

物理学の世界では、ある物体が何の力も受けなければ同じ運動を続けるという「慣性の法則」という概念がある。日本のように外部からの情報が入ってきづらく、均質性の高い人材が多い国においてはこの慣性の法則が強烈に働き、少しでもこれまでと違うやり方をしようとする際には途方もないエネルギーを要する。

たとえば100トンの重さの鉄球が坂道をものすごいスピードで転がり落ちているときに、生身の人間がその進路を変えようと立ち向かったところで為《な》す術《すべ》はない。『トムとジェリー』というアニメであれば、鉄球に潰されてペラペラになるのがオチだ（その昔、娘が急に壁にぶつかっていったので何事かと思いきや、「壁にぶつかったら、トムとジェリーみたいにペラッペラになれるかと思って……」と言っていたことをふと思い出した。慣性の法則とは何の関係もないが）。前章で述べた政策保有株式に関しても同様で、たとえ誰もが課題だと認識していても、その困難さゆえに誰も積極的に解決しようとはしなくなってしまう。

日本が茹でガエル化してきたいちばんの要因は、この強烈な「慣性の法則」にあるのではないかと私は考えている。たとえいまのやり方を変えることが合理的だと頭では理解していたとしても、実際に行動を起こすことが自分にとって特にメリットがなく、なんなら無駄な争いに巻き込まれてしまうだけなのであれば、これまでの非合理的なやり方を続けてしまうほうが合理的な判断となってしまう。

このような状況を乗り越えていくためには、「過去のしがらみに囚われることなく勇気を持って最初に行動した人を評価する」という社会的な価値観を醸成していかねばならない。このような先駆者が「ファーストペンギン」だ。米国の会社であるGSではファーストペンギンが評価される文化が色濃くあり、シニアになればなるほどファーストペンギンであり続けなければならないというプレッシャーにさらされる。

しかし日本社会、特に歴史ある大企業のなかでは、そのようなファーストペンギンは「ただの空気が読めない人」と見做《みな》されがちではないだろうか。「空気が読めない」

というのはそれはそれで問題だが、「あえて空気を読まない」勇気を持っている人を評価することは非常に重要だ。日本社会全体でファーストペンギンを評価するような文化を醸成するためには、教育のレベルから変えていく必要がある。それでは非常に長い時間がかかるうえ、日本の茹でガエル化は待ったなしのところまで来ており、悠長に待っている時間は残されていない。ある程度のショック療法を活用して価値観の変化を加速させ、茹でガエル化を阻止する取り組みが必要だ。

そこで次は、カエルとペンギンに続き、魚の話をしよう。

3-2. 「健全な緊張感」のもたらし方

観賞用や食用の魚を長距離輸送する際に、ストレスで魚が死んでしまうことがあるそうだ。しかし、水槽の中に何か1つだけ入れると魚が死ななくなるらしいのだが、それが何かおわかりになるだろうか？

答えは酸素でも餌でもなく、「ピラニア」だ。ピラニアを水槽に入れることで、ピラニアに食べられてしまいたくないという魚の生存本能が掻《か》き立てられ、ストレスのことなんか吹き飛んでしまうのだそうだ（実際は魚がピラニアに食べられてしまわないように、水槽に仕切りを入れるらしい）。

私はこの話を聞いてピンときた。いまの日本に必要なのは、このピラニアなのではないかと。もちろんそれは物理的にピラニアを放流せよということではなく、**ピラニアがもたらす緊張感**を意味する。とても勇気のいることではあるが、我々自らの手で

図23 ピラニアを放りこめ！

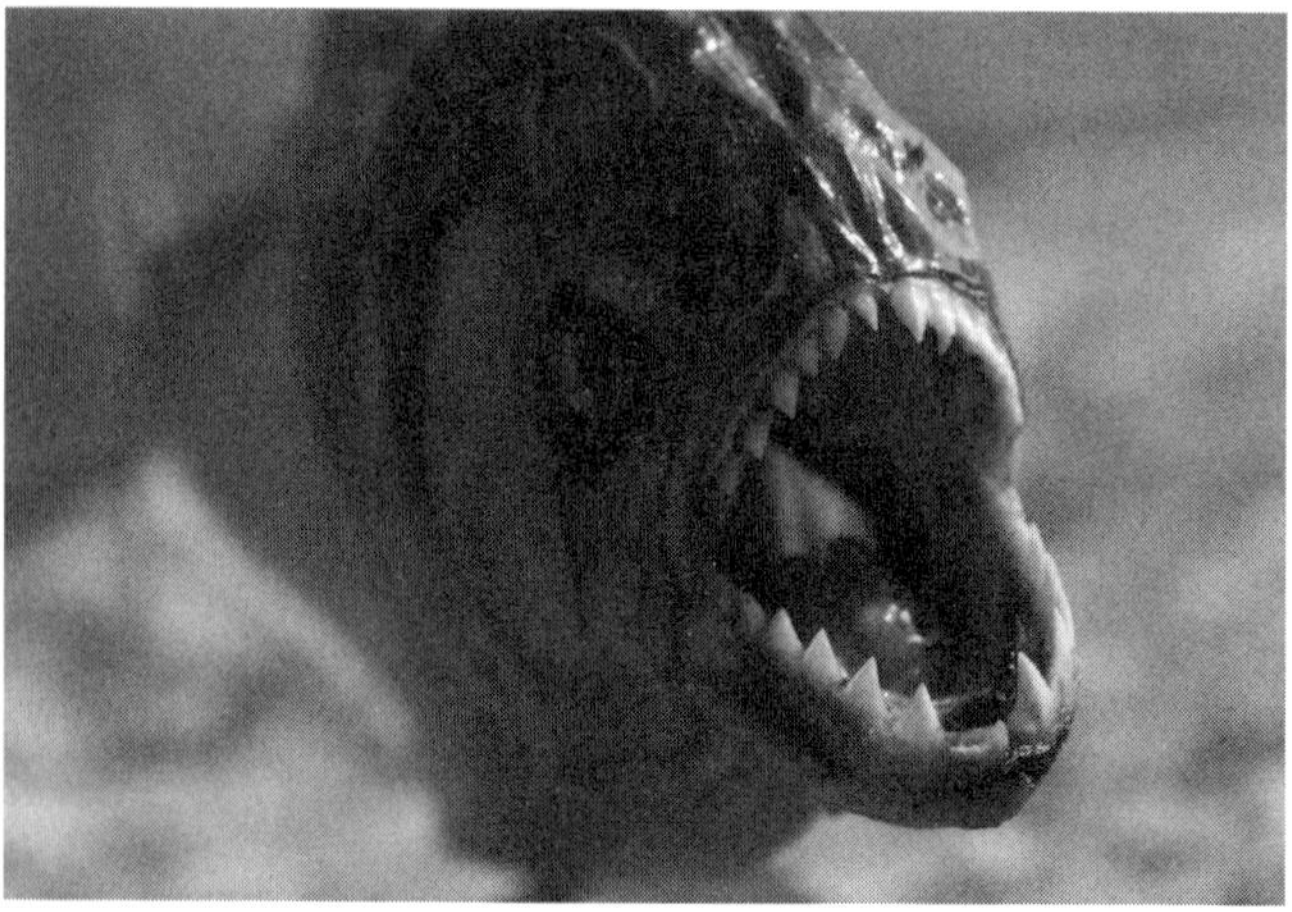

ピラニア的な仕組みを取り入れていくことができれば、のんびりと茹でガエルになっている暇はなくなるはずなのだ。

自らを律することは常に難しい。ピラニアがもたらすメリットにしっかりと目を向け、ピラニアの恐怖に打ち勝たなければならない。具体的な方法は、本章で後述していく。

たとえば私が経験したクビという事象もピラニアだろう。実際に自分が対象になると一時的に大変な思いはするが、そのような制度が存在するからこそ従業員は適度な緊張感を持って仕事をするようになる。京セラ創業者の稲盛和夫氏いわ

図4 資本主義社会の全体図（再掲）

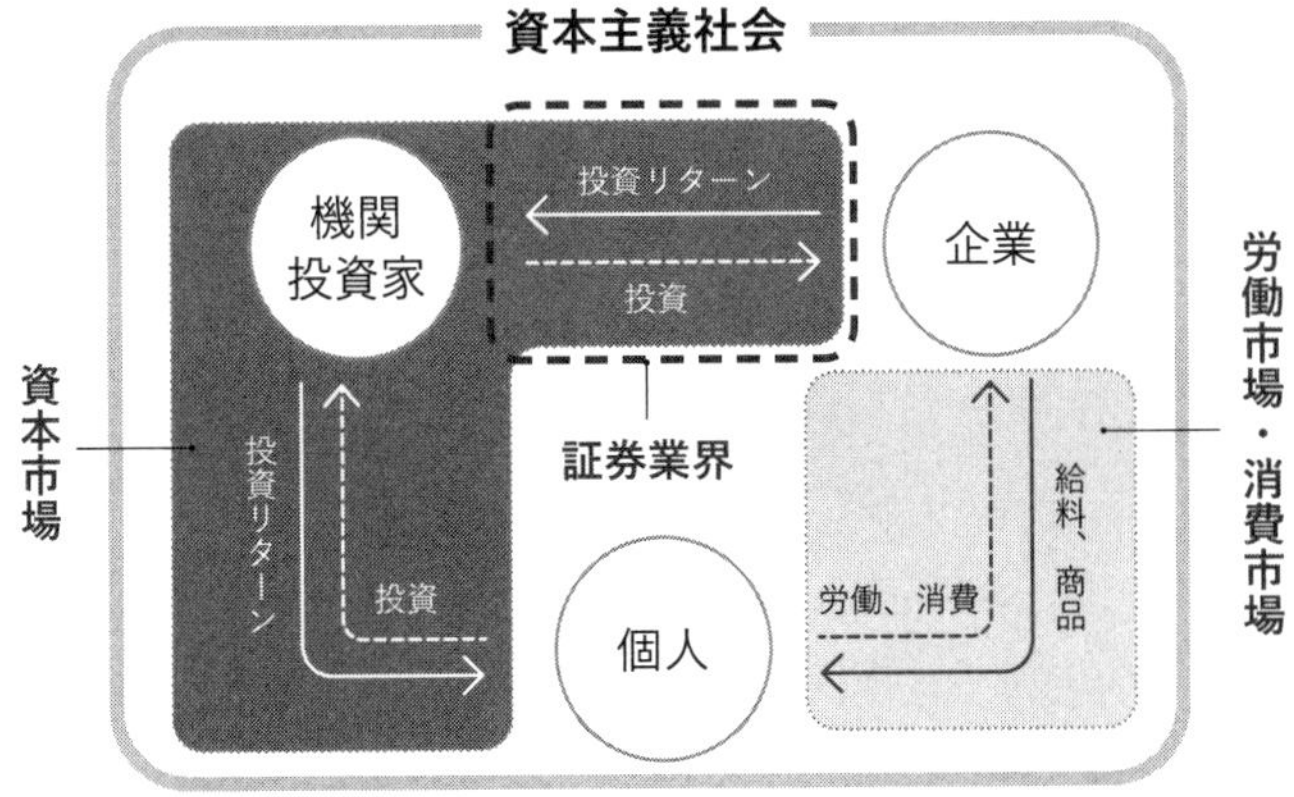

く「大善は非情に似たり[12]」。本当の優しさ（大善）はときには厳しく指導をすることだ。我々は「大善は非情に似たり」を念仏のように唱えながら、自らの手でピラニアを放流しようではないか！

具体的なピラニアを設定するために、上図のインベストメント・チェーンをベースに解像度を上げて見ていきたい。

資本主義社会の「ピラニア」とは何か

上図を見ておわかり頂けるように、我々の一つひとつの行動はけっして独立

図24 各市場における当事者

市場	当事者	
消費市場	消費者	企業
労働市場	労働者	経営者
資本市場	投資家	上場企業

したものではない。チェーン全体に何かしらの影響を与え、その影響がいずれまったく予期せぬ形で現れてくることになる。このチェーンの各市場における当事者は図24のようになるのだが、ほとんどの人は消費者であり労働者（一部の方は経営者）であり、投資家でもある。我々の行動が大きな流れとなり、資本主義社会に影響を与えることを理解したうえで適切なピラニアを考えていかねばならない。

ではここから消費市場、労働市場、資本市場に分けて、「健全な緊張感のもたらし方」を具体的に見ていこう。日本の資本主義社会をより活性化させるヒントになれば幸いだ。

1．消費市場

消費市場のピラニア：企業の覚悟は「値決め」にあり

まずは消費市場において、企業の視点で見てみる。

日本においてはこれまで、「お客様は神様」とまことしやかに囁《ささや》かれてきた。企業のサービスを購入して対価を払ってくれるのは顧客なのだから、とても大事な相手であることは間違いないが、すべての顧客が「神様」ではないはずだ。企業が神様として大事にすべき顧客というのは、企業のサービスの価値を認めてくれて適正な価格を支払ってくれる顧客だ。企業の価値を認めてくれない顧客まで神様として扱ってしまったら、サービス全体のバランスを歪《ゆが》めてしまいかねない。

企業と顧客は対等な関係であるべきであり、ときには顧客を失う覚悟を持って毅然《きぜん》と対応する必要があるのだと私は考えている。しかし、時間軸が短期化して成長が目的化してしまった資本主義社会において、担当者レベルでこのような覚悟を持つことは非常に難しい。

自分たちの価値を安売りしなければいまを乗り切れない、しかし安売りをしてしまったら将来的にビジネスが持続可能ではなくなってしまうというジレンマに直面することは、ビジネスパーソンであれば日常茶飯事であろう。これは従業員が自ら判断することは難しいので、経営トップが明確な指針を出すべきだ。京セラ創業者の稲盛氏は、「値決めは、経営者の仕事であり、経営者の人格がそのまま表れる」のだとおっしゃっているが、経営トップだけではなく、少なくとも収益部門の責任者はこのような矜持《きょうじ》を持つべきではないだろうか。

私も実体験として「他社がこれくらいの値段を出しているので、もう少し良い値段を出してくれればGSさんに決めますよ」という話がよくあり、何度かお断りしたことがあった。資本市場の情勢を鑑《かんが》みて、その取引に責任を持てる水準で我々は価格を決めているのだから、他社がどうあれ責任が持てない価格を提示することはできない。それによって取引を失い、顧客を失うことになるかもしれないが、それはすべて私の責任で判断をしていた。

このような割り切りができれば、顧客と駆け引きをする必要がなくなる。その時間を自分たちの価値を高めることに使えるようになり、それはブランドとなっていく。いずれ他社が容易には参入できない障壁を築くことができるはずだ。もちろん、うまくいかないこともあるが、挑戦し続けることが重要だ。

営利企業が持続可能であるためには、言うまでもなく安定的に利益を上げる必要がある。そのためには「顧客を失うかもしれない」というピラニアと向き合い、乗り越えていくという茨《いばら》の道を歩まなければならないのだ。

消費市場のピラニア：消費者それぞれの「正義」とは

次に消費者の視点で見てみよう。

特に日本では消費者の声が強く、良いものを安く提供することが絶対的な正義とされてきた歴史がある。しかし、もしかしたらその値段の裏側には、環境破壊や人権侵害という隠れたコストが存在しているかもしれない。

我々が安さだけを基準に消費行動をとる場合、知らず知らずのうちに環境を破壊し、安く従業員をこき使うような企業を応援してしまうことになってしまうのだ。

図25のように200円と250円の牛乳が売られていることを想像してみてほしい。ここで両社の牛乳の品質がまったく同じであれば、誰もわざわざ250円の牛乳を選ぶことはないだろう（もし250円の牛乳を選ぶならば、私以上の天邪鬼《あまのじゃく》だ）。

しかし、図26のようにそれぞれの牛乳の値段の内訳がわかったとしたらどうだろうか。ものの値段だけで判断して消費行動をとることによって、社会全体に害悪をまき散らすことに加担しているという状況が判明すれば、我々の行動も変わってくるかもしれない。

インベストメント・チェーン全体を俯瞰《ふかん》してみると、ものごとの考え方が変わってくる。これまでは「ブラック企業」のように企業単位で「ブラック」というレッテルが貼られていたものが、「ブラック・チェーン」、つまりチェーンのどこかに「ブラック」が存在していれば、そのチェーンの当事者全員が「ブラック」として社会から見られるようになる。

図25 まったく同じ品質なら、どちらの牛乳を買うか？

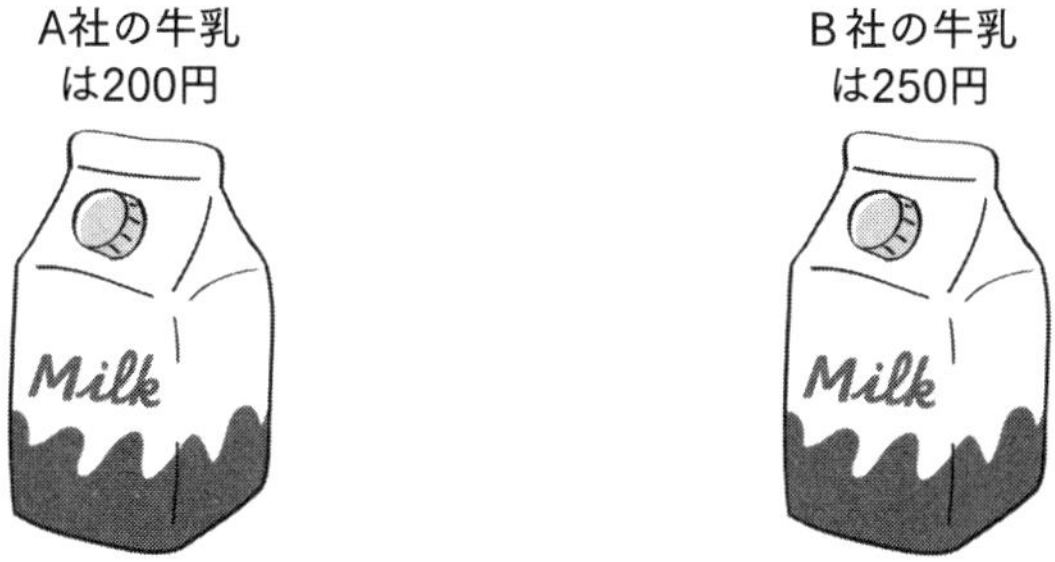

図26 もし、それぞれの価格の内訳がわかったらどするか？

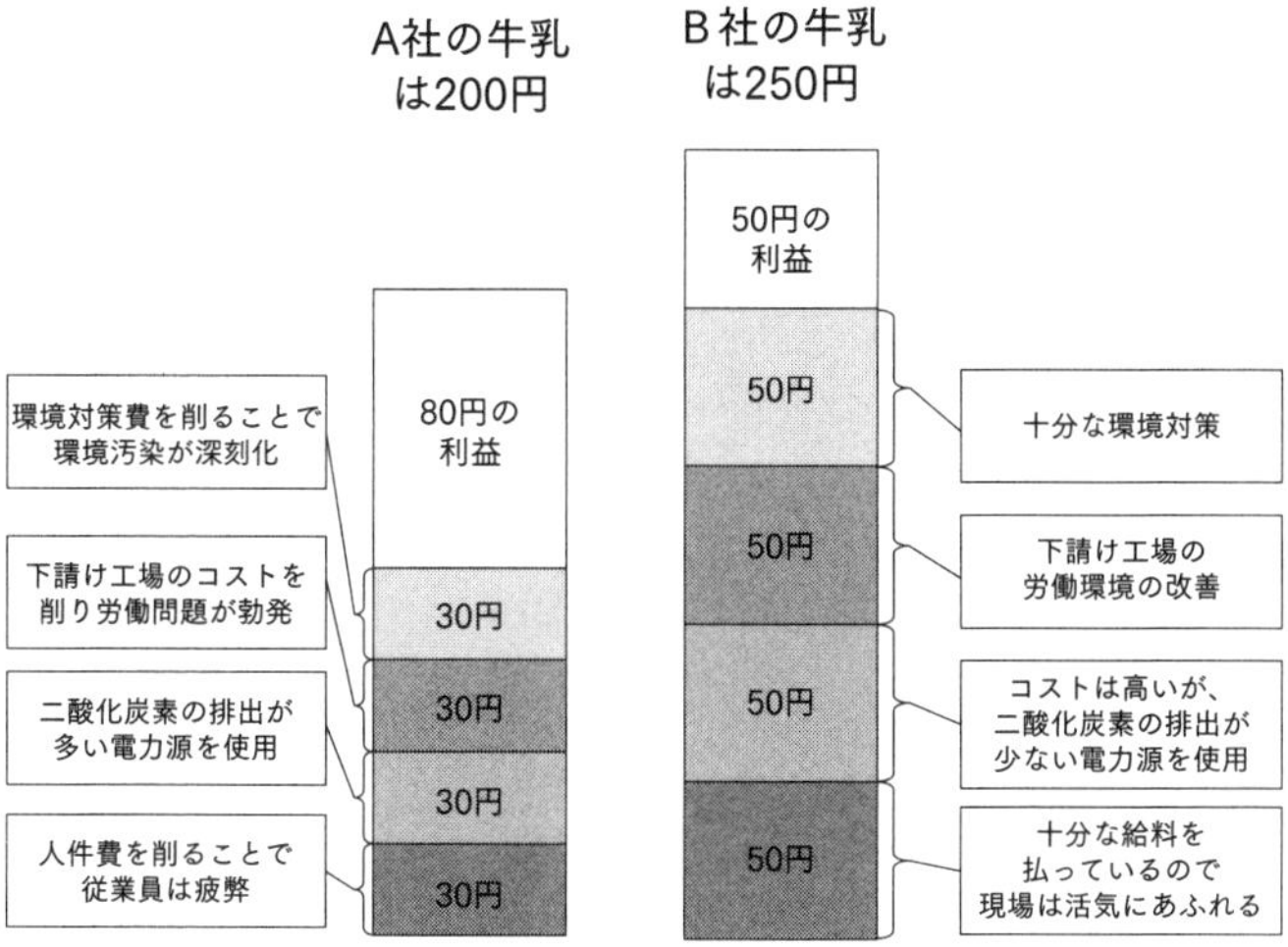

とはいっても、そう簡単に「では明日から、２５０円の牛乳を買います！」とはいえないだろう。そもそも値段の裏側にある詳細情報を得ることが現時点では難しいということもあるが、たとえわかったとしても我々には日々の生活があり、生活することに余裕がなければそんなキレイごとは言っていられない。

前述したが、私はよく「**お金には名前が書いてある**」という言い方をしている。たとえいますぐ行動には移せなかったとしても、**自分が使ったお金が社会に対してどのような影響を与えているのか、考え続けることが重要だ。**消費というのは単にほしいものを手に入れるだけではなく、その行為によって社会全体の流れを良くも悪くも変えることができるのだから。

思考の訓練を続けていけば、できる範囲で我々の行動も変わってくる。

「消費」とは少し話がずれるが、我が家は、全国民が受けとることができた一人10万円の新型コロナに関連する特別定額給付金（４人家族で40万円！）を受け取らなかった。この特別定額給付金の意図は、コロナの影響で生活が困窮している人に対して、可及的速やかに給付を行おうとしたが、困窮者を特定できなかったために「仕方なく全国民に対して給付をした」と私は理解した。私は幸いコロナ禍では仕事も失わず、本来であれば給付の対象ではなかったはずなので、受け取りを辞退したのだ（いまになって仕事を失ったが……）。

コロナ禍の影響がほとんどなかった人でも「タダでもらえるんだから、もらわなければ損」と考えた人もいたのではないかと思うが、この給付金はけっしてタダではない。将来世代から前借りしているだけなのだ。なんせ既に１０００兆円に迫っていた国の負債が、加速度的に増えたのだから。

近年の光熱費の高騰は、誰もが感じているところだと思う。もう少し「お金と社会のつながり」を実感してもらうために、この光熱費の高騰と、コロナ給付金のつながりを見てもらおう。

図27を見ると、２０２０年以降コロナ対応の支出が増えたため薄いグレーの「一般会計補正予算分」が急増したことがわかる。しかし税収が急激に増えるわけもなく、

図27 一般会計歳出の推移

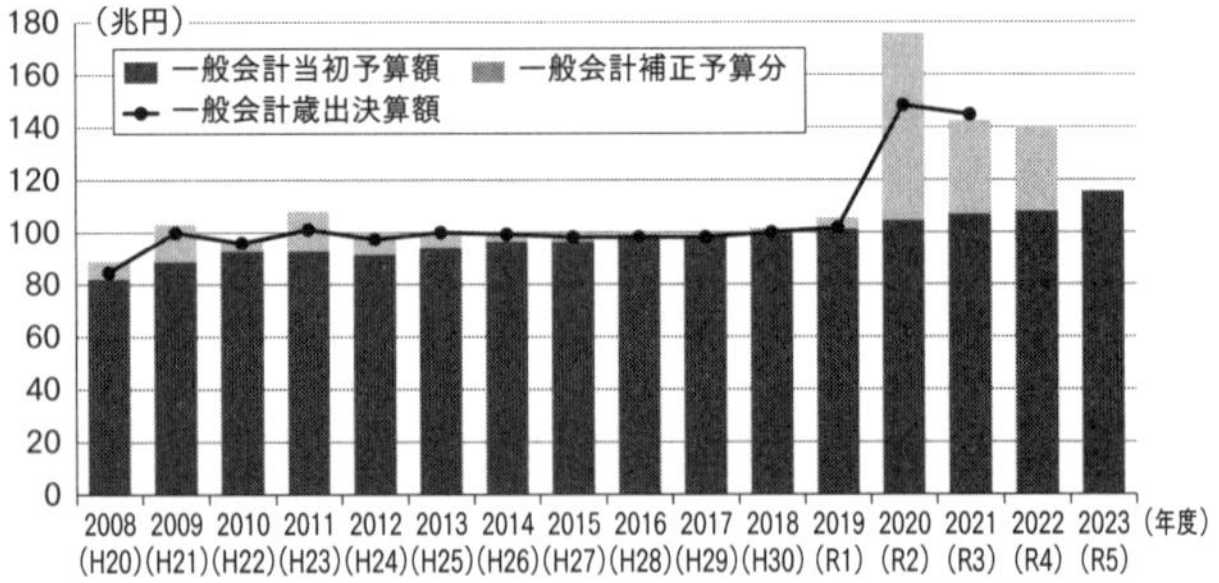

図28 普通国債残高の推移

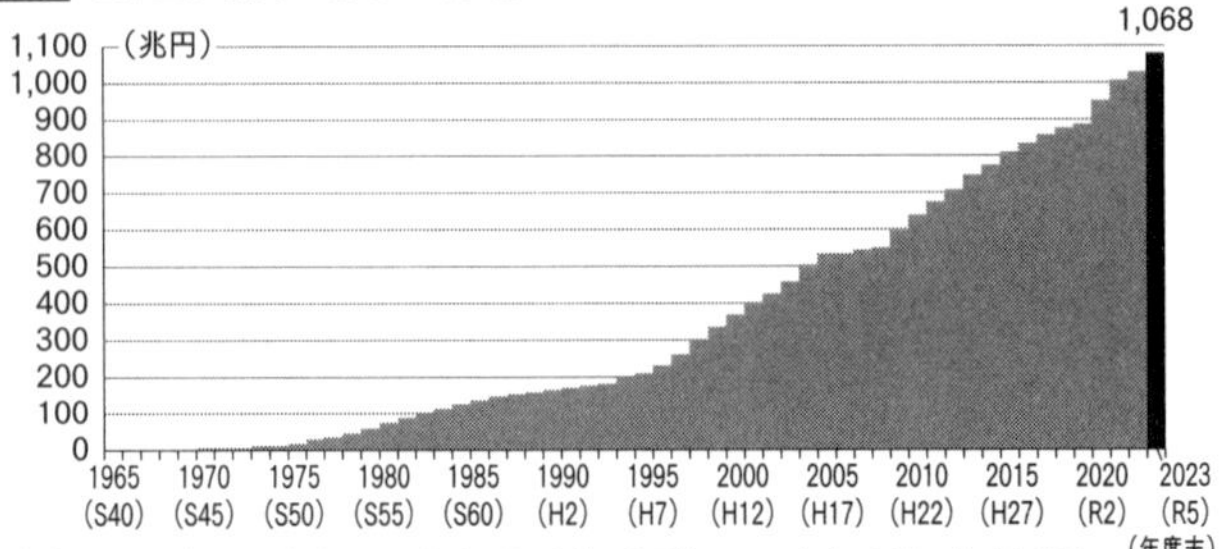

(注) 2021年度までは実績、2022年度は第2次補正後予算、2023年度は予算に基づく見込み。

図29 主な国の債務残高(対GDP比)

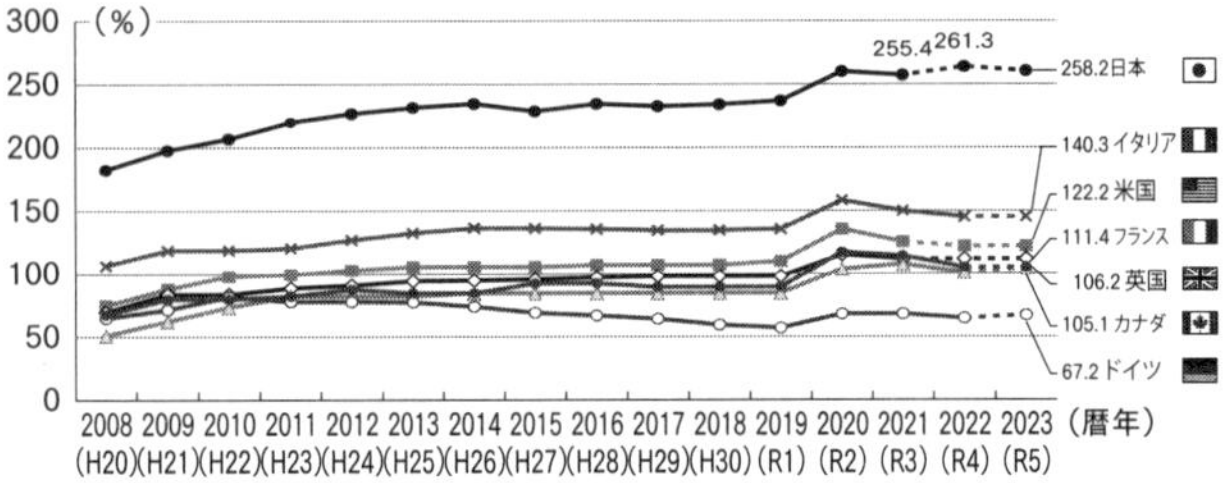

出所:IMF “World Economic Outlook”(2023 年 4 月)
(注 1) 数値は一般政府(中央政府、地方政府、社会保障基金を合わせたもの)ベース。
(注 2) 日本、米国及びフランスは、2022 年及び 2023 年が推計値。それ以外の国は、2023 年が推計値。

図 27 ~ 29 出所:財務省「これからの日本のために財政を考える」より著者抜粋

増えた支出の大部分は、国の借金である国債でまかなわれることになる。そうすると図28のように、国債残高の増加に歯止めが利かなくなってしまう。既に国債残高がGDPの2倍強となり、先進国のなかでは断トツに高いにもかかわらずだ（図29）。

足元の円安も、これだけ増えてしまった負債のせいで金利を適切に上げることができないがゆえに起こっていることだ。円安の結果として、エネルギーを海外に頼っている日本で電気代が高騰している。

この「流れ」を、どれだけの人が理解しているだろうか。国の財政を顧みることなく、目の前のことだけしか考えない国民が増えた国が持続可能なわけはないだろう。このように、我々の日頃の何気ない行動が大きな流れを作り出す。お金の流れを理解し、「お金には名前が書いてある」という意識を持ち続けていたい。

正義は人の数だけ

しかし1つだけ気をつけてほしいのは、自分の考え方を無理やり他人に押しつけないということだ。たとえば牛肉は牛の育成過程において大量のメタンガス（温室効果は二酸化炭素の数十倍とも言われる）を出すということで、牛肉を食べない方がいる。その人が牛肉を食べる人に対して「まだ牛肉なんて食べてるんですか？」という話をしてしまうと、ほぼ間違いなく言い争いになる。「じゃああなたは、一切温室効果ガスを出さない生活をしているのか？」とか、「あなたの食べているフルーツだって、輸送の過程で大量の温室効果ガスを出してますよ」といった具合だ。

これは、モノの生成過程から廃棄されるまでの一連のサイクルにかかった環境負荷を評価すること（Life Cycle Assessment と言われる）が現時点では難しいなかで、ある一側面から見た正義を他人に押しつけてしまっているということであり、前章で述べた「ある角度から見たら長方形」という話とまったく同じだ。

環境問題が声高に叫ばれるようになった昨今はこのようなことが頻繁に起こっており、「環境原理主義」とも言われている。これは非常に厄介で、少なくとも一部には正義があるために否定することが難しく、正義と正義の闘いを引き起こしてしまうのだ。絶対的な正義がほとんど存在しない世の中において、人はそれぞれの正義を持って生きているのだから、正義と正義のぶつかり合いは何も生まない。

実際に社会を変えていくためには、「自分の正義」をかざすのではなく、自分の頭で考えた独自のストーリーを打ち出し、それが共感を呼んで周りの行動変容を促すという「流れ」にこだわることが重要ではないだろうか。私の場合は、環境問題の根底にあるのが資本主義の副作用である「成長の目的化」や「時間軸の短期化」だと考えてセミナーやメルマガを通じて啓発を続けてきた。私の発信において「証券会社らしからぬ」哲学的な内容が多かったのには、このような思想があった。

いずれ、すべての行動に関する環境負荷が数値化される（そして経済価値に置き換えられる）ような時代になっていくはずだ。それまでは、環境原理主義に陥らないように気をつけていきたい。

余談ではあるが、「絶対な正義が存在しない」ということに関して『アンパンマン』の作者であるやなせたかしさんの話をしておきたい。やなせさんは第二次世界大戦で出兵した。自分たちが絶対的な正義だと信じて悪を打ち倒しに行ったつもりが、相手もまったく同じ考えを持っていることを知って愕然《がくぜん》とした。正義が1つだけではないことに気がついたのだ。やなせさんは、絶対的な正義はどこかにあるのかと考え抜いた結果、もしあるとしたら「お腹が空いている人にご飯をあげること」くらいだと気づいた。

『アンパンマン』が自分の顔をちぎってお腹が空いている人に分けてあげるという設定の裏には、実はやなせさんのこのような思いがあるということを知って『アンパンマン』を見直してみると、また違った深みが出てくる。

消費者として念頭に置くべきなのは、**自然の時間の流れに沿うのがいちばん環境負荷が少なく、そこからかけ離れれば離れるほど環境負荷が大きくなる**ということだ。

そう考えていくと、我々の身の回りのいろいろな行動にヒントが隠されていることになる。ご参考までに、消費者としての私が実践している行動をいくつか紹介しておこう。

・**とにかく歩く**（時間はかかるが、いちばん環境負荷が少ないし健康にも良い。エスカレーターもエレベーターもなるべく使わない）

・**需要を平準化する**（需要が急変動すると、店側には材料の無駄や労働問題が生じやすい。たとえばお昼ご飯は混んでいる時間帯を避けて、1時すぎに行くとお店に優しい。また、ゴールデン・ウィークに皆がいっせいに旅行をするようなことは社会に対して負荷がかかるので、なるべく人と違う行動をすることが社会には優しい）

・**無駄に新しいものを求めない**（賞味期限が近づいているものを買うことで、食料廃棄問題を緩和することができる）

・**無駄に急がない**（前述のように、我々が急げば急ぐほど社会に対しても地球に対しても負荷がかかる。特にこだわりがないことなのであれば、「いつでも良いので都合の良いときに」と言ってあげることで負荷を下げることができる）

なかには簡単でないこともあるかもしれないが、できることからで良いだろう。

「バブル」も消費者が起こす

最後に、「ものの値段」に関しても少し考察をしてみたい。自由経済下におけるものの値段は需要と供給によって決まるのだが、その需要の強さは消費者の価値観によって決まることになる。

私はプロ野球のヤクルトスワローズのファンなのだが、優勝争いをしているときはなかなかチケットが手に入らないが、低迷していると簡単に手に入る。これもファンの価値観の変化によるものであろう。

しかしときには、価値観に裏づけられた値段を逸脱して取引がなされる「バブル」が発生することがある。なぜバブルが発生するのだろうか？　これは、たとえば不動産などものを買うときに自分の価値観に照らし合わせて値段を判断することをやめて、「もっと高い値段で売れるはず」と盲信し、投機が投機を呼ぶときに発生する。そしてバブルが発生したあとに必ず訪れるのが、バブルの崩壊といわれる「価格の適正化」だ。事前に利益を確定した人と、バブル崩壊に巻き込まれた人の間で富の偏りが発生してしまう。

1章で述べたように、資本主義社会において富の偏りは多くの弊害を引き起こしてしまう。そもそもバブルが発生してしまわないように、自分の価値観をしっかりと持ったうえで消費行動をするということを心がけていきたいものだ。

2．労働市場

「会社の常識、社会の非常識」に陥っていないか

消費市場においては、簡単にお気に入りの商品を取り換えることができるという「流動性」が存在する。たとえば私にはお気に入りのビールがあるのだが、今日はちょっと気分を変えて別メーカーのビールにするということは非常に容易《たやす》い話だ。ビールメーカーは、そのような状況のなかで消費者に選んでもらおうと必死で商品開発にしのぎを削ることになる。特に目が肥えている日本の消費者に鍛えられた日本のビールの品質は世界最高ではないかと思っている。アサヒビール社の「生ジョッキ缶」のような革新的なアイディアも、このような競争があったからこそ生まれたのではないだろうか。

しかし労働市場はそうはいかない。特に日本では終身雇用という人事システムがまだ色濃く残っているため、労働者が会社を変えることは容易ではない。**しかし資本主**

義社会である以上は労働市場にも規律が必要であり、経営者と従業員が互いに選び選ばれるという緊張感を持つべきだ。

そのためにはまず、雇用の流動性を高めることが必要になってくる。

自慢ではないが私は、これまでに2回辞表を提出して1回クビになったことがある。新卒で入社した日米のジョイントベンチャーである証券会社では、結果を出すための働き方の違いから、米国企業と日本企業のインセンティブ構造の違いによる企業文化の違いを垣間見た。

2社目のフランス系証券会社では、中央集権的な親会社とうまくパイプがつくれるまでに、疎外感を感じることが少なくなかった。この経験から、グループ経営においては現地へ権限委譲し、社員のやる気を引き出すことの重要性を学んだ。

GSから誘いを受けたときには、GSの印象があまり良くなかったために、お断りしていた。しかし当時の上司から「業界トップと言われる環境でチャレンジできる機会もそうそうないから、是非チャレンジすべきだ」と諭《さと》され、2回目の辞表を提出することになった。

入ってみると、純粋な米国の会社であるGSは、結果に対するインセンティブ構造と現地への権限委譲のどちらもがズバ抜けていた。いかに組織を活性化するかということを考え抜いた企業文化が形成されていた。

GSだけで働いている人にはなかなか実感できないことなのだが、日米のジョイントベンチャー、フランスの会社を見て客観的な判断ができるようになっていた私にとっては、非常にビジネスがしやすい環境であると感じられた。もちろん短期的なインセンティブ構造による弊害も見受けられたが、結果的にはいちばん長く16年も働くことになった。

自社の外の世界を知らない人ばかりの集団だと、**「会社の常識、社会の非常識」**という状況に陥ってしまい、社会の流れから置いていかれかねない。そのような会社が、「社会のために必要な会社」となるのは難しいことだろう。「会社の常識、社会の非常識」に陥ってしまわないためには、従業員に「客観性」を持ってもらうための取り組みが必要となってくる。

２章で触れたが、他者（投資家など）と対話する機会が多い、転職や出向を経験していたなど、「客観性」を身につける経験があった人々は、「会社の常識」に染まることなく、危機感を持ってチャレンジすることができるのだろう。

転職でも子会社への出向でも副業でも、何でも良いので何かしら自社を客観的に見ることができる機会を増やすべきだ。自社を客観的に見た結果として、転職をするのでもいい。そのうち、「数回転職を経験して初めて一人前」のような価値観が日本において醸成されると非常に面白いと思う。

雇用の流動性を高めるにあたっては、社会的弱者を守るセーフティネットのことも考えなければならない。失敗しても最低限の生活は保障するが、もう一度チャレンジをした方が得だと思わせるような制度設計を考えなければ、社会のダイナミズムは生まれてこないだろう。

過去に辞めていった人がまた会社に戻ってくる「出戻り」も大いに奨励されると良

いと思う。日本社会では会社を辞めた人を裏切り者として扱う風潮があるように感じるが、他の会社を見て経験を積んだ人が戻ってきた場合には、客観的なものの見方を身につけた貴重な戦力として扱うべきではないだろうか。

ＧＳでは、「アラムナイ・ネットワーク」と呼ばれる退社した人たちのネットワークを非常に大事にしている。その中からまたＧＳに戻ってくる人もいれば、ＧＳとビジネスをする人も出てくるかもしれないのだ。実際に何人も出戻りをした人がいるし、そのあとに大きく昇進をされた方もいる。

このような観点で見てみると、クビになったり会社がつぶれたりするというピラニア的な事象もまた違った意味合いを持ってくる。会社から解き放たれた人材がいろいろなところへ吸収されていく過程で様々な化学反応を起こし、社会全体を活性化するという側面もあるのだ。

考え方自体は理解できるものの、いざ自分ごととなると受け入れがたいのはよくわかる（実際に私も執筆中の「無職」というステータスはとても心許ないと実感している）。私が外資系証券会社という、雇用の流動性が非常に高い業界にいたからこそ言えるのだと思われるかもしれない。インフラを支えている職種や研究職など、必ずしも雇用の流動性がプラスではない職種もあるだろう。

「雇用の流動性を高めよう」とだけ言ってしまうと様々な議論を引き起こしてしまうかもしれないが、その根底にある考え方は「客観性を持つことの重要性」であることを改めて強調しておきたい。これは自分の市場価値を高めようと日々努力を続けてきたうえで、私が実感していることだ。「客観性」はけっして大層なことではなく、本を読んだり社外の人と交流したりという、日頃の業務から少しだけ離れたところへ足を延ばすだけで手に入る。


そうして得た「客観性」は、自分の仕事に対して新たな示唆を与えてくれるはずだ。もしかしたらその延長で、「会社を変える」という選択肢が出てくるかもしれない。しかし、労働市場に雇用の流動性がないと、その選択肢をとることも難しい。

今後、給料の後払い的な性格を持つ年功序列賃金や、長年働いた方が有利になる退職金に関する税制優遇などを改めて、雇用の流動性をさらに高めることが重要となってくるだろう。

労働市場のピラニア：労働者の「安定」は誰がつくるか

当然のことながら、労働者にとっては給料が高いに越したことはない。しかし、いくら給料が高くてもあまりの激務とストレスで体を壊してしまっては元も子もないし（実際、私はそのような人をたくさん見てきた）、もしその仕事が社会に対して害悪をなすようなものであったならば、いずれ自分たちの生活にも悪影響が出てくる。

労働というのは自分たちが生活していくための給料を獲得するための手段だが、それと同時にインベストメント・チェーンに良い影響を与えることによって、自分の人生を豊かにしてくれるものでもある。自分の給料がどのような仕事の対価なのかを認識し、その仕事が社会に対してどのようなインパクトを与えているかを考えたい。

また労働者が自分の生活のためにも、労働に安定を求めるというのは当然の感情であろう。しかし、安定を求める労働者ばかりになってしまうと、企業は衰退してしまうことを忘れてはならない。資本主義社会において常に他社との競争にさらされている企業が利益を上げ続けるためには、不確実性と向き合って自ら変わり続けるという不断の努力が求められる。**不確実性と向き合い、挑戦を続ける先に初めて安定**（スキルの獲得や人脈の構築）**があるだけで、最初から安定が存在するわけではないのだ。**

学生の就職活動の様子を見ていると、「安定だから」という理由で公務員を志望する学生を見かけるのだが、公務員が安定した職業であるためには前提条件があることを忘れてしまってはいないだろうか。公務員の給料の源泉は民間部門が支払う税金なのだから、民間部門の活力が十分にあって国の財政が安定していることが、公務員が安定した職業であるための前提条件なのだ。

大多数の人が「安定」を求めた結果として待っているのは「不安定」であることを、我々は肝に銘じておかねばならない。

労働市場のピラニア：経営者が「利益」より重視すべきもの

本来、経営者は果敢にリスクを取り、ダイナミックな事業ポートフォリオの入れ替えによって収益性を高めるべきだ。しかし「会社の神聖化」によって、**とにかく会社が存続しなければならないという「手段の目的化」**が起こってしまうと、企業業績が悪化する過程において、安易に労働分配率（利益に占める人件費の割合）を下げて利益を確保することになってしまいかねない。

安易に労働分配率を下げてしまうというのは、人件費を「費用」と考えているからに他ならない。費用であれば可能な限り削減するというのが経営の鉄則ではあるが、人件費は本当に「費用」なのだろうか？

いつの時代もイノベーションの源泉は人材なのだから、人件費は研究開発費と同様に将来への「投資」と考えるべきだと私は考えている。たとえ会社が苦しいときでも、人に対する投資を安易に減らしてしまっては将来の成長の種まで消失してしまい、企業はゾンビ化の一途をたどることになってしまう。

たとえリスクを取った結果として会社が存続できなくなったとしても、目的もなくゾンビのように生き永らえるよりはマシだという割り切りも必要ではないだろうか。

そして今後、雇用の流動性が高まってくることは確実であろう。**従業員に対する投資を強化すると同時に、従業員に熱意を持って働いてもらうための人事・報酬制度を真剣に考え抜かねばならない。**そうでなければ、せっかく投資して育った人材が誰も残ってくれないという憂き目にあってしまうのだ。

「賃上げ」と「インセンティブ」の違い

人事・報酬制度のあり方は従業員の生活に直結するので、現状の給料や肩書きへの執着が生まれやすい。あるべき姿を考える際にはまず、資本主義の根本原理に立ち戻ろう。「所有の自由」を認めることによって個々人の競争を促し、より良いサービスの提供を通じて人類の幸福に資するべきという考え方だ。

しかし日本では、戦後復興の過程において経済全体が成長するなかで、終身雇用／年功序列のように組織の調和を重視する制度がよく機能し、個々人の競争にはあまりフォーカスが当たってこなかった。

日本はいまや人口が減って経済全体の成長が見込めない時代となった。個々人の競争を促さなければならない段階において、まずはしっかりと「インセンティブを用意する」ことから始めなければならない。成果にかかわらず年齢が上がれば報酬も上がるという年功序列制度は、日本固有の問題として、資本主義の根本原理の機能不全を引き起こしている。ここにも「規律のなさ」、つまり忖度《そんたく》文化が表れているのだ。

逆に米国の場合、インセンティブはたくさんあるのだが、時間軸の短期化や成長の目的化が起こってしまったことによって、本来のコースからずれた方向へものすごいスピードで向かってしまっているという側面がある。これはインセンティブと方向性のどちらか一方だけではダメで、両方をバランスよく設定することが必要だということだ。昨今は日本で「賃上げ」が話題になることが多いが、この「賃上げ」と「インセンティブ」ということは似て非なるものであるということを強調しておきたい。

インセンティブを用意するということは、**経営側と従業員が選び選ばれるという緊張感のなかで、是々非々で報酬が決まることを意味する。**

一方で日本の賃上げというのは、物価上昇に対応するために全員の給与を一律で上げるという性質のものであるため、個々人の競争に直結するものではない。もちろんインフレが進行するなかでは賃上げも重要なことではあるが、けっしてこの2つを混同してはならない。

私が学生の面接をしていたときに、英語もできてやる気あふれる学生が「実力主義の会社で働きたいんです」と言って外資系を志望している状況に何度も出くわした。

このような人材が外国資本の会社に流出してしまっている状況は非常にもったいないと言わざるを得ない。

また、世界中の優秀な人材を日本に惹きつけるということも重要だ。昨今は東京を国際金融都市へといった話もよく耳にするようになったが、そのためにいちばん重要なのは英語環境でも税制優遇でもないと私は思っている。**もともと日本は、政治的に安定していてインフラが整っていることから海外投資家の注目が高いのだが、やはり足りていないのは是々非々でものごとが決まるというダイナミズムなのだ。**本当に東京が魅力的だと思うなら、海外投資家は翻訳者を雇ってでも何をしてでも、万難を排して日本にやってくるはずだ。我々はつけ焼き刃《ば》の対応をするのではなく、自分たちの根源的な価値を上げるための努力をしなければならない。

成果を出した人を評価するということの裏返しとして、成果を出せない人は評価しない、最悪の場合は解雇をするというピラニア的な選択肢も持たざるを得ない。相応の評価がされるからこそ、努力する人がさらに努力するという循環を生み出すことができる。

解雇に関しては、従業員のパフォーマンスによって解雇するという場合だけでなく、事業そのものの撤退により解雇せざるを得ないという場合もあるだろう。そのような場合も、十分な金銭対価を支払うことで解雇ができるという制度があれば、経営者による事業の選択と集中もよりダイナミックにできるようになるはずだ。

日本の労働関連法は労働者に対して非常に寛容で、会社都合による正社員の解雇は容易ではない。信賞必罰が徹底されている環境を求める人も少なからずいるのだから、いずれ労働関連法の見直しが必要だと私は考えている。

誰をリーダーにするか

「努力した人を評価する」という行為に関しても考察が必要だ。前章で触れたように、「企業が何を評価するか」が企業文化を形成するうえで決定的に重要なのだが、どうしてもわかりやすく数字がついている人を評価しがちになってしまうことは否めない。そうすると、全員が数字のつくポジションに居座ろうと椅子取りゲームを始めてしまい、ビジネスの本質を見失ってしまいかねない。
このような状況に陥ってしまわないためには、本当の功労者を「評価できる能力」を持った人材を適切に配置することが重要になる。そのためには昇進と報酬を分けて考えなければならない。

数字で貢献した人には相応の報酬を支払うべきだが、そのような人が必ずしも人格的に優れているとは限らない。数字で会社に貢献したというだけの理由で昇進させてしまい、後々に大きな禍根を残してしまったという事例を私は何度も見てきた。
昇進させるべき人間は、**企業文化の良き理解者であり推進者**だ。数字で貢献した人と、昇進させる人を分ける。西郷隆盛の言葉を借りると、「功ある者には禄を与えよ、徳ある者には地位を与えよ」ということだ。

ここで気をつけないといけないのは、「徳」は単に年齢を重ねたからといって身につくものではないということだ。徳は自らの心を高めようと懸命に努力をした結果として初めて身につくのだから、どれだけ年長者であっても徳がない人はいるし、いくら若くても徳がある人はいる。**年功序列の問題点は、この徳を無視した昇進制度になっている**ことであろう（私が家庭でこういう話ばかりしているからか、娘は「小学校でがんばったこと」という項目に「徳を積むこと」と書いたそうだ。先生もさぞ驚いたことだろう）。

私は一度、京セラの稲盛氏と一緒にＪＡＬの再生を手掛けられた大田嘉仁《よしひと》氏を招いて、セミナーを開催したことがある（ＪＡＬの再生に関する詳細は是非、大田氏の著書『ＪＡＬの奇跡』〔致知出版社〕をご参照頂きたい）。そのセミナーにおいて大田氏は、経営幹部に対するリーダー教育の重要性を強調されていた。

リーダーは人を管理するだけのマネージャーとは違う。リーダーというのは「どんな困難に直面しても逃げずに真正面から取り組む勇気があって、また部下や仲間を大切にする優しさを持っている。さらに常に謙虚で努力を怠らない」ことが求められるそうだ。このリーダー教育を通じて経営幹部の「心の教育」を行い、ＪＡＬを再生したという大田氏のお話は大変示唆に富んでいた。そしてこれは、経営破綻したＪＡＬだったからできたことではなく、どのような企業であったとしてもできるはずだと大田氏はおっしゃっていた。

「JALの奇跡」を「日本企業の常識」にすることができるだろうか。このセミナーの開催日は稲盛氏の訃報が報道された数日後だったこともあり、勝手ながら私は稲盛氏からバトンを渡されたのではないかと思っている。

もっと報酬の話をしよう

人事制度だけでなく、報酬制度にも工夫が必要であろう。日本ではあまり馴染みがないかもしれないが、GS含め米国の証券会社は人が唯一の資産であることもあり、報酬制度に対するこだわりが非常に強い。その根底には、報酬の設計次第で従業員の行動様式が大きく変わるという考え方がある。

しかし日本においてはお金の話をすること自体がタブー的な雰囲気が強く、なんなら「安い給料でいちばん働く人が尊い」という考え方もいまだに存在する。このような日本的な利他（自己犠牲とまで言えるかもしれない）の考え方は個人的には大好きなのだが、我々が資本主義社会を選択する以上は、何が適切な対価なのかを突き詰めることを怠ってはならない。

もし市場価格より安い商品があったならば、転売ヤーが跋扈《ばっこ》して利益をかすめ取ってしまうように、労働者も適切な対価を求めて海外へ去って行ってしまう。日本でも需要と供給によって価格が変わるダイナミック・プライシングが一般的になってきたのだから、この流れがもっと加速することを私は期待している。

一方で、この素晴らしい利他の精神をけっしてなくしてほしくはない。生活の根底には利他の精神を置きながらも、ビジネスの場においては心を鬼にして適切な対価にこだわるというのが、日本人が目指すべき資本主義社会の形なのではないかと思う。

この報酬制度においては、基本給とボーナスの割合をどのようにするか、「時間軸の短期化」を是正するために長期目線の報酬をどのように設計するか、株主との目線を合わせるために株式報酬をどう活用するかなど、多くの要素が考えられる。

従業員からすると基本給が高いに越したことはないのだが、会社側からすると基本給というのは、たとえ事業環境が急速に悪化したとしても容易に削減できない固定費となる。もちろん人件費は投資としての側面があるので容易に削減すべきではないが、経営の柔軟性を考えるのであれば、**基本給は低めに設定しつつ、業績に応じてボーナス部分で調整をする**という形が合理的であろう。

株式報酬の活用に関しても今後積極的に考えていくべきだ。先述したように、資本主義社会において上場企業であるということは、株価の上昇を通じてインベストメント・チェーンの健全化に寄与するという役割が求められる。であれば上場企業の従業員にもそのような思想を持ってもらうために、一定程度の自社株式を保有して株価の上昇に関心を持ってもらうことは合理的な手法であろう。

私はよく、「自社の株なんて持ちたくないですよ」という方にお会いすることがあったのだが、自分が持ちたくない株を投資家に持ってもらえる理由があるだろうか？　もし従業員が「自社製品なんてほしくないですよ」という商品しか作っていない企業があったとしたら、そんな企業の製品が消費市場で受け入れられるわけがない。

我々が資本主義を活用していくにあたって、「投資家に株を持ってもらえるような経営をすべし」という思いを持ってもらうために、従業員に対する株式報酬の制度設計を真剣に考えていかねばならない。

人事権は事業部がリードせよ

私は「ワークライフ・バランス」という言葉があまり好きではない。自分が本当にやりたいと思える仕事なのであれば、いくらでも働けてしまう。そもそも「働いている」という概念自体がそぐわず、単に好きなことをやっているという状態になる。

もちろん働き方にはさまざまな事情があることは考慮するとしても、ワークとライフのあり方を議論する際に問うべきは個人の人生にとっての仕事の質であり、時間の振り分け方ではないと私は考えている。自然にワークとライフをインテグレート（統合）できるように、会社側がやりがいのある仕事を提供できるかを議論すべきではないだろうか。

そうすると人事部主導の定期人事異動ではなく、個々人に手を挙げさせる形も必要となってくる。自らが手を挙げてでもやりたいことなのであれば、たとえどんな困難が待ち受けていたとしても全力で取り組むだろうし、結果的にうまくいく可能性も高まるはずだ。

これまた米国企業との比較で恐縮だが、日米の人事に対する考え方は大きく違う。日本企業においては人事部主導による定期人事異動というものがあるが、米国の会社(少なくとも私が知っている証券業界)ではそのような概念が存在しない。基本的には事業部門の責任者が部門の戦略に基づいて適切な人材を採用する形であり、人事部はそのサポート役に徹する形だ。

そうすると事業部門の責任者は、ビジネス戦略を遂行するために必要なスキルセットをチーム全体としてバランスよく配置することを念頭に置きながら採用を進めていく。そうすると、結果的にチームメンバーが持っているスキルセットが多様性(ダイバーシティ)を帯びることになるのだ。

ダイバーシティというと、どうしても外形的な女性や外国人という議論になりがちだが、企業価値を向上させるために必要となってくるダイバーシティとは「ものの考え方の多様性」であるべきだと私は考えている。いくら女性や外国人を増やしたとしても、ものの考え方が似通っていたとしたら新しい発想は出てこない。

では女性や外国人、マイノリティと言われる人々を包摂(インクルージョン)する必要がないかというと、けっしてそんなことはない。なるべく多くの宇宙船地球号の乗組員を包摂した方が社会が安定するし、結果的により効果的なダイバーシティを達成することで、イノベーションが推進されるようになるはずだ。

そうすると**インクルージョンは、ダイバーシティの土台**とも言える概念ではないだろうか。世のなかではダイバーシティ・アンド・インクルージョン（D&I）というように並列に扱われることが多いが、天邪鬼《あまのじゃく》な私はこのような概念をそのまま受容することが好きではない。その裏側にある考え方を自分なりに解釈をしたうえで（それが正解かどうかはさておき）、ダイバーシティ・オン・インクルージョンの方が適切ではないかと考えている。

こんな些細なことにこだわるのはただの面倒くさい人かもしれないが、もっと面倒くさい人が世の中に増えてほしいと私は思っている。個々人が社会の常識に無作為に流されることなく独自の考え方を確立し、そして議論をすることで初めて新しい考え方は生まれてくるはずなのだ。「天邪鬼《あまのじゃく》」が最高の誉め言葉となるような社会になれば、もっと日本も変わるのではないだろうか（そして、個人的にとても嬉しい）。

天邪鬼な私はアメリカ人の上司からよく「Unique（ユニーク）」だと言われていた。どうもこれは米国においては結構誉め言葉のようだ。しかしその上司が私の妻に会ったときに、日本語で「大吾は、ちょっと変わってるね」と言って、妻が反応に困ったことがある。上司からするとがんばって「Unique」を日本語に直してくれたのだろうが、「人と違う」ということに対する文化の違いが如実に表れていた。米国では人と違うことが誉め言葉なのだが……。

是非皆さん、Unique（天邪鬼?·）を目指していきましょう！

3．資本市場

資本市場のピラニア：投資家は「水槽」から追い出されてきた

消費市場、労働市場と具体的な「緊張感のもたらし方」を見てきた。最後は資本市場だ。

上場企業の心構えを律し、**資本市場のピラニアとして機能することができる主体が誰かというと、それは「投資家」であろう。**投資家は上場企業からすると外部者であり、完全に経営者と同じ目線を持つことはできない。しかし株価の上昇によって恩恵を受けるというインセンティブ構造を有し、上場企業の経営者に対して上場することの意義と覚悟を常に思い出させてくれるピラニア的な側面を持っている。企業と投資家の間の適度な緊張感が資本市場を活用するうえでは重要となるのだが、前章で述べた**政策保有株式の存在がこの緊張感を低下させている**という側面がある。

また、**日本には投資家が何かしら企業に対して提言をしただけで「モノ言う株主」として敬遠されてきたという歴史があり、これはせっかくのピラニアを自らの手で水槽から追い出してしまったことに他ならない。**投機家による「今だけ、自分だけ」な「モノ」に対して耳を傾ける必要はないが、投資家からの「大善は非情に似たり」な「モノ」（短期的には厳しく聞こえる）はありがたく頂くべきであろう。

図30 日米企業の加齢とROAの推移

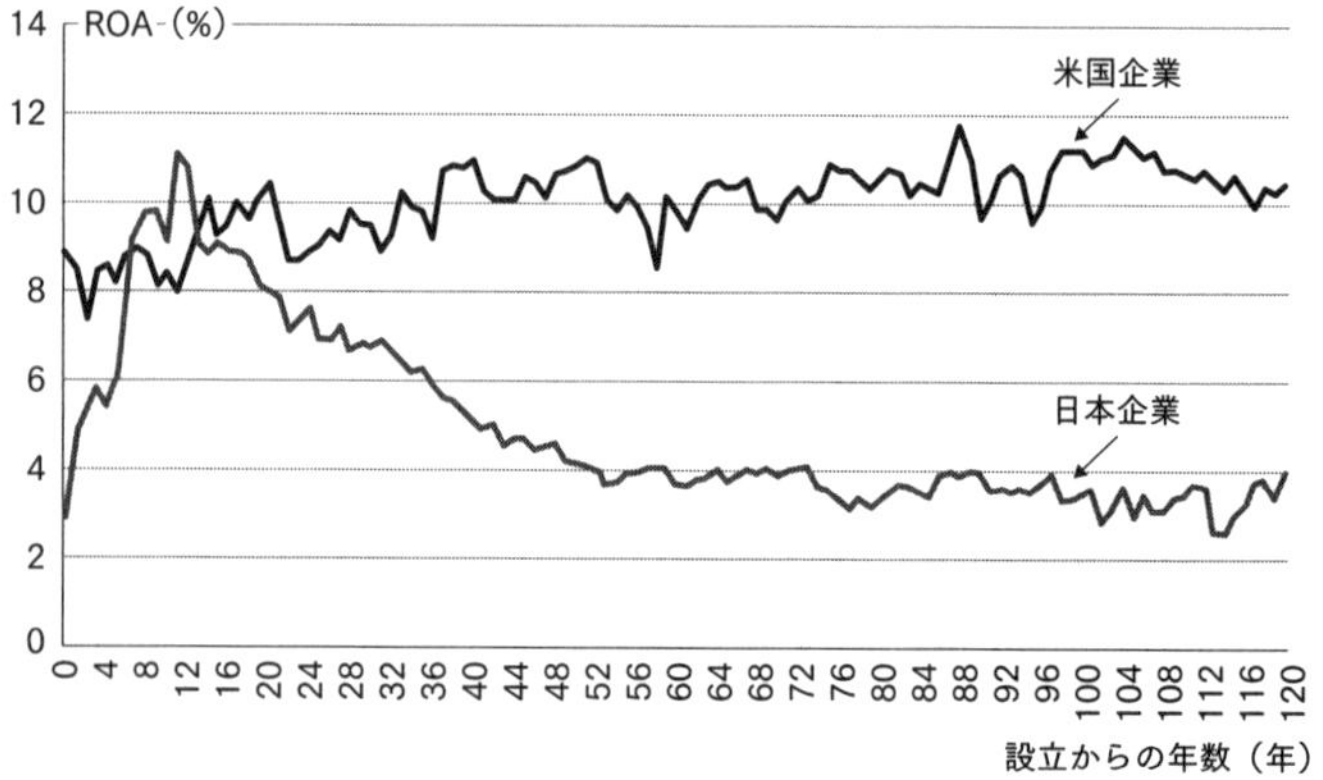

出所：Yamaguchi et al., 2018, "Staying Young at Heart or Wisdom of Age: Longitudinal Analysis of Age and Performance in US and Japanese Firms"

資本市場からピラニアである投資家を排除してしまった場合に何が起こるか、図30を見てほしい。これは横軸に企業の設立からの年数、縦軸にＲＯＡ（Return on Asset：企業の総資産に対してどれくらい効率的に利益を上げているかの指標）をとっている。設立当初においては日本企業と米国企業のＲＯＡは遜色ないのだが、**その後年数を重ねていくに従って日本企業のＲＯＡは低下していく一方、米国企業のＲＯＡは高い水準をキープしている**ことがわかる。

これは、米国においては企業が常に投資家からの厳しい目線にさらされる（資本市場にピラニアがいる）一方で、日本ではピラニアを追い出してしまったことに起因するのではないかと私は考えている。企業が常に投資家からの厳しい目線にさらされていれば、経営者の保身や暴走を一定程度未然に防ぐことができるはずだ。

投資家に対する説明責任を果たそうとすれば、社長の後継者選定に関しても「現社長が決める」という日本企業で多く見られるやり方ではなく、社外取締役の力も借りて「次の10年を見据えて最適な人材を選定する」ことになるだろう。たとえ経営者個々人の能力に遜色《そんしょく》がなかったとしても、何世代も経営者が変わっていく過程で、後継者選定プロセスの違いが積み重なって、大きな差になっていくのではないだろうか。

「不正のバケツリレー」を助長する組織の仕組み

ＲＯＡの日米比較は、**「組織論」に対するスタンスの違い**も影響しているかもしれない。多民族国家である米国では性悪説に立ち、基本的には組織がまとまらないことを前提に、いかにして組織をまとめるかということを考え抜いてきたように思う。投資家による外部圧力を使うということだけでなく、企業理念や人事・報酬制度、内部通報制度、意思決定のシステムに至るまで実によく考え抜かれているのだ。

米国では、内部通報制度によって社内の不正が暴かれる可能性が高いために、不正の抑止力になっている側面があるのだが、その背景には高額な報酬がある。内部通報をすると、周りの人から白い目で見られてしまうために誰しもが躊躇《ちゅうちょ》するが、一生分の賃金以上の報酬がもらえるのであれば勇気を出して内部通報をするインセンティブとなるのだろう。２０２１年にはなんと、一人の内部通報者に対して１億１０００万ドル（当時の為替レートで約１２０億円！）の報奨金が支払われた[13]。


一方で日本は民族の均質性が高く、あうんの呼吸で組織がまとまってきたという歴史があるために性善説でものごとが進んでゆく。そのため、「組織論」が重要視されてこなかったのではないだろうか。内部通報制度もほとんど機能しておらず、**数十年に渡る不正がものの見事に見過ごされてきた事例があとを絶たない。**

定期的な人事異動があるにもかかわらず「不正が数十年もの間しっかりと引き継がれてきた」ということは、それが**けっして個人の悪意によるものではない**ということを意味している。不正のもともとの発生要因は、経営者の独裁化や資本市場からの短期的な収益プレッシャーによって、現場に過度な負担がかかったことだろう。

しかし定期的な人事異動があるなかで、その不正が数十年も明るみに出ないというのは、また別の問題をはらんでいる。「何かがおかしい」と思った人も多数いたはずだが、それを口に出すことは難しい。終身雇用を前提とする雇用形態のなかでは、会社から不遇な扱いを受けるかもしれない内部告発をするのは非常に勇気のいることだ。ある程度の年次となり、終身雇用で得られる生涯賃金をベースに人生設計を立てて家族を養っている従業員は、「何かがおかしい」という正義感よりも、「家族のため」という自己犠牲の精神が優先するはずだ。

また、いまは不正を目の前にしていても、数年経てば人事異動によって他の部署へ異動できるのであれば、自分が担当の間に不正が発覚しないことを祈ることになるだろう。

これは、いつ爆発するかわからない爆弾をバケツリレーしているような感覚に近い。いずれ爆発することはわかっていても、「それが自分の番でなければよい」というマインドになってしまうのだ。

「株が高いは七難隠す」とも言われるように、経済成長の過程では結果的に帳尻があってしまうなど、表沙汰になることは少なかったかもしれない。しかし、昨今過去の不正がどんどん明るみになってきている状況を鑑《かんが》みると、我々は資本市場のピラニアである投資家の力も借りながら、「組織のあり方」を改めて追求していかなければならないのではないだろうか。

四半期開示は「悪」なのか

とはいえ、上場企業にとって「有益なピラニア」となりうる投資家は世の中にそれほど多くはないのが実状だ。投資家が前提としている時間軸とお金の量の関係を図示すると、図31のようなイメージだ。やはり短期目線のお金がいちばん大きく、長期的な目線を持ったお金は時間の長さに比例してどんどん少なくなっていく。

企業側からすると、長期的な経営の営みを理解しない短期目線の投機家が多いために、「どうせ理解してもらえないから、適当にあしらっておけ」というマインドにな

図31 投資家の前提とする時間軸とお金の量

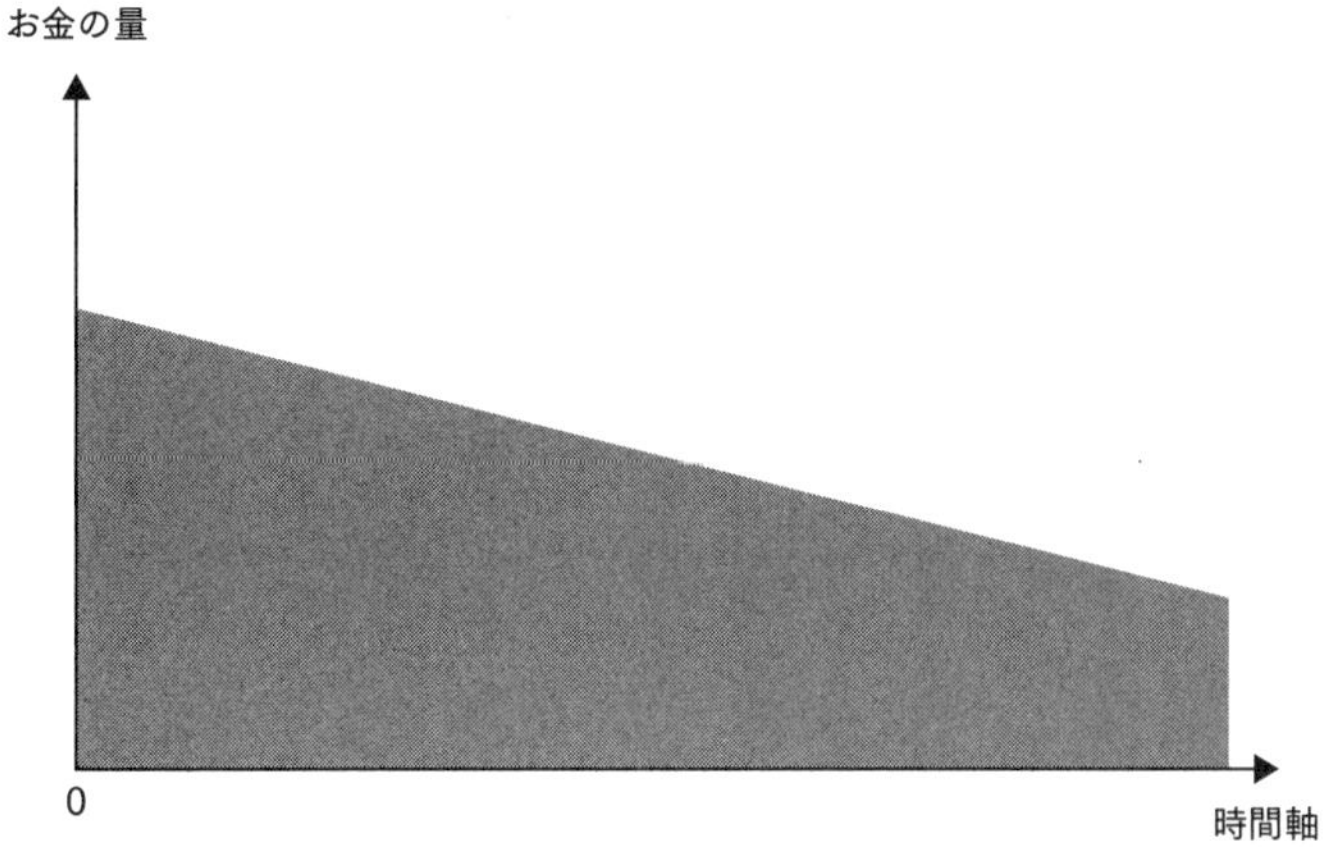

り、開示を積極的に行わない、または投資家との対話をおろそかにするということにつながってしまった。その流れで出てきたのが、**「四半期開示が投資家の短期目線を助長している」**という論調だ。

長期目線の投資家が四半期開示を必要としないかというと、それはまったく違う。彼らは企業の長期的な経営の営みを可能な限り理解しようと努力をし、不確実な未来を企業と一緒に切り拓いていく覚悟を持ち、もしかしたら投資資金がすべて吹っ飛んでしまうかもしれないリスクと日々葛藤しながらも資本を投下してくれる存在だ。そのような長期目線の投資家が、企業の方向性が間違えていないかどうかを四半期開示によって確認したいと思うのは当然のことであり、**なんならば四半期と言わずに取得可能なデータは毎日でもほしいと思うはずだ。**

「長期目線が大事」だと簡単に口にする人は多いが、**日々の信頼の積み重ねがなければ、長期的な取り組みをサポートしてもらうことはできない。**我々の日々の生活で考えてみても、たとえ「落ちているごみを拾う」という些細なことであったとしても見ている人はしっかりと見ているし、その積み重ねによって初めて信頼が構築されていく。企業と投資家の間の関係も、これとまったく同じなのだ。

投資家と経営者は「相互不信」から「緊張関係」へ

しかし、経済の規模が大きくなって分業が進んだことにより、皆が自分の立場だけでものごとを考えることで手一杯となり、相手のことには考えが及ばなくなってしまった。分業が分断を生んでしまったのだ。もし物理的に可能であれば、一人の人間がすべての業務を行うことが何より効果的なのだが、そんなことができるスーパーマンが実在するわけもなく、仕方なく分業という選択肢を取らざるを得ないのが社会の現実だ。

であれば、**他の業務に対する理解と共感というのが、分業をうまく機能させる前提条件**となるのではないだろうか。

かのウォーレン・バフェットは、「私は投資家だから良い経営ができる。また経営者だから、良い投資ができる」という趣旨のことを言っている。投資家と経営者は表裏一体の関係なのだから、両者の立場を考慮したうえで地道に信頼を積み重ねていき、**相互不信を乗り越えて適度な緊張感のある関係を構築しなければならない。**

この緊張感が薄れてしまうと、資本市場からの経営に対する健全なチェック機能が働かなくなり、経営の独裁化を許してしまうことになりかねない。独裁自体が必ずしも悪いわけではないが、誰が独裁をするか次第で結果が両極端に振れてしまう危険性がある。

独裁の使われ方については、古代ローマの政治システムが参考になる。通常時は元老院において合議制でものごとを決めていたのだが、ことに戦争状態となると独裁官(Dictator)を任命してすべての権限を独裁官に集中させ、戦争という困難を乗り切る。そして戦争が終わった段階で独裁官は解任されて合議制に戻る。

このような権力の集中と分散を意図的に使い分けていたという合理性が、ローマが大きく繁栄した理由の1つではないかと私は思っている。我々はもっと、歴史に学びたいところだ。

ベンチャー企業や企業存続の危機時においては、素早い決断ができる独裁的な経営が適しているかもしれない。しかし取引所に上場することによって強大な力を手にした上場企業なのであれば、平時は大きなリスクを背負いこまないように独裁化を避けるべきだ。

他者に対する理解と共感を前提とした分業が、良い信頼関係と緊張感を資本市場にもたらしてくれるだろう。

「長期目線の投資家」に振り向いてもらうために1番重要なこと

何が良い投資で、何が悪い投資かというのは、投資を受ける側である企業の主観となるので、「絶対的に良い」投資マネーがあるわけではない。ただあくまで私が考える「優良な投資家」とは、企業の取り組みを深く理解し、本当の優しさ（ときには厳しいこともある）をもって、**事業の時間軸を理解して寄り添ってくれる投資家**だ。短期化してしまった資本市場においては特に、「事業の時間軸を理解して寄り添う」という行為は容易ではない。

そのような「優良な投資マネー」はけっして多くはないため、世界中で争奪戦が起こっている。そのような投資家に振り向いてもらえるように、オール・ジャパンで取り組みを強化していかねばならない。

その際にいちばん重要な考え方が「**他人のお金を預かっている**」**ことに対する認識**であろう。

一般的に、会社が大規模化する際には他者から資金を集めて元手としている。そのなかでも、より幅広く不特定多数から資金を集めているのが上場企業だ。1章で述べた「ゴーイング・コンサーン」という考え方により、会社がずっと続いていくことを前提にものごとを考えるようになったため、会社を解散してすべての財産を出資者に配分するという機会はほとんどなくなった。そしていつの間にか、他人のお金なのか自分のお金なのかの区別が曖昧になってしまったのだ。

ここを外してしまうと投資家との話がかみ合わなくなってしまうので、少し考察を掘り下げてみたい。

たとえば日本では歴史的に「自己資本」という言葉が使われることが多いのだが、この言葉が非常に誤解を招きやすいので注意が必要だ。日本基準の貸借対照表を見ていただければわかるのだが、実は自己資本という定義はどこにも出てこない。似たような概念として「純資産」や「株主資本」という定義があるが（英語に直すと「Net Assets」と「Shareholder's Equity」）、そこには「自分たちの資本」であるというニュアンスは一切ない。

海外投資家と対話をする際に「自己資本」という言い方をしてしまうと、**「ノー、君のじゃない。我々の資本だ」**と言われてしまうのは「日本企業あるある」だ。

上場企業である株式会社は、大前提として「他人のお金を預かっている」という認識を明確にするために、まずは「自己資本」という言葉を使うのを止めた方が良いのではないだろうか。

お金の公私混同を引き起こしがちなもう1つの事例が、「配当性向」という言葉だ。この言葉は、利益がすべて「会社のもの」であるという視点に立ち、利益のうちのどれくらいを株主に対して配当として払い出して「あげる」かという考え方になりがちだ。

ある年に100億円の利益を上げた企業が、配当性向30％という施策を取れば、30億円を株主に対して配当として払い出し、70億円は今後の事業のために会社に残すことになる（「内部留保」という）。

これも順番がおかしくはないだろうか？　そもそも他人のお金なのだから、特に取り決めがなければ100億円の利益すべてを株主に対して払い出すことが前提になるはずだ。その前提のもと、「一定の条件下においてのみ」、企業は内部留保をすることが許されるべきだ。そしてそれは、**お金を株主に返してしまうよりも、会社側が事業投資に回した方が株主のためになる**と会社が考え、**かつその考えを株主が承認した場**

合のみだ。

そう考えると、会社がどれだけ株主に対して払ってあげるのかという「配当性向」ではなく、会社側がどれだけ内部留保させてもらうのかという「**内部留保率**」の方が合理的な考え方ではないだろうか。先述の事例で言うと、配当性向30％ではなく、内部留保率70％という考え方だ（図32）。

どちらにしても株主に対して30億円を払い出すので結果はまったく同じなのだが、その**数字の裏側にある会社側の哲学を、有益なピラニアになってくれる投資家は求めている。**

私は、今後の日本において重要になってくるのが、このような哲学ではないかと思っている。実際に海外の投資家と議論をしていると、そこに正解があるかどうかではなく、自分がどう考えているかを徹底的に掘り下げられ、そのうえで議論する価値があると認められれば会話が進んでいくといった感じだ。これだけ社会の価値観が劇的に変わっている時代においては、自分の哲学をしっかりと確立したうえで他者の哲学とぶつけ合い、新しい考え方を生み出していきたい。

図32 「配当性向」ではなく「内部留保率」という考え方

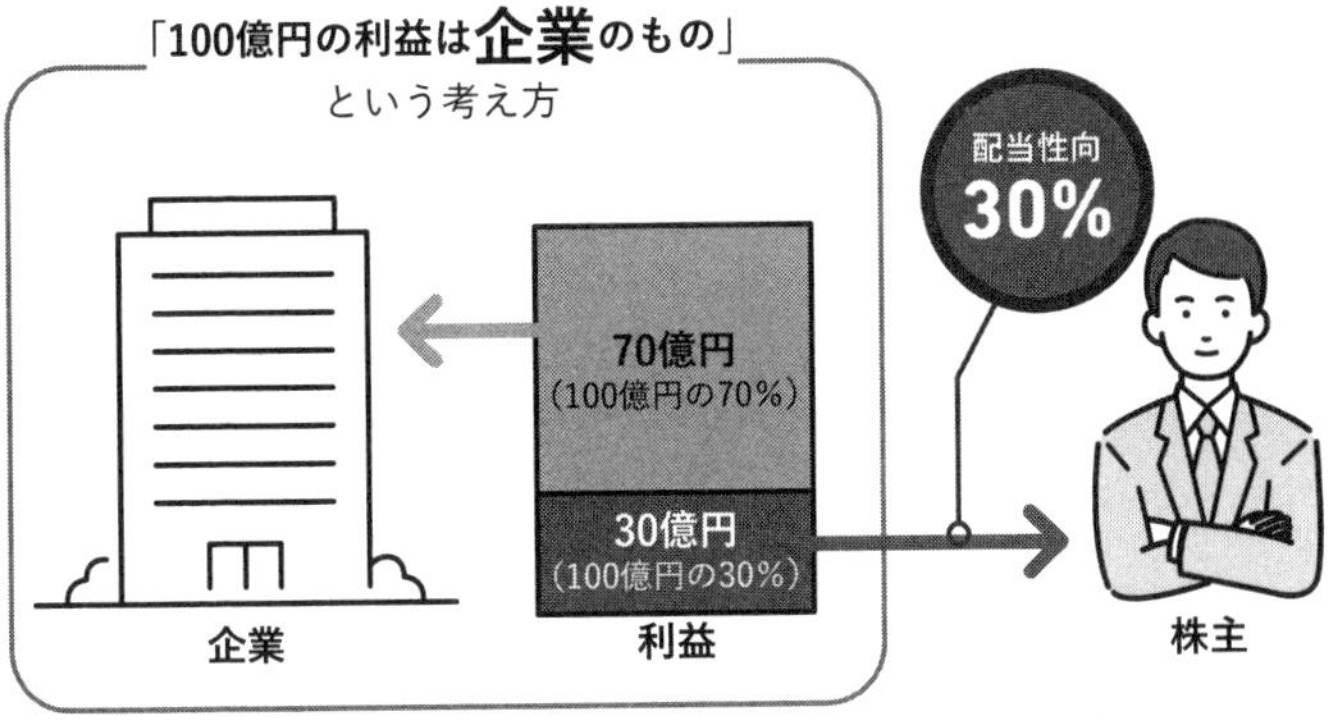

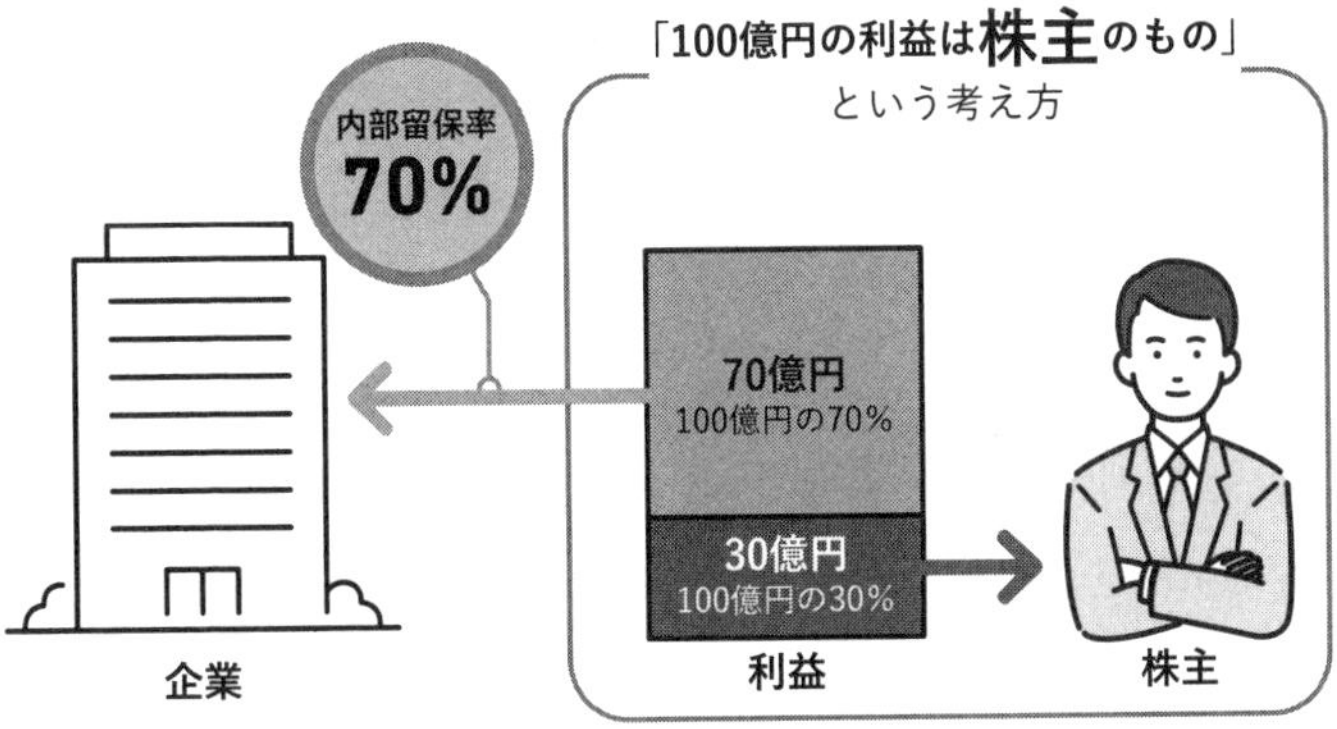

我々は「面倒くさい人」と言われることを恐れずに、もっと天邪鬼《あまのじゃく》で哲学的にものごとを考えてみても良いのではないだろうか。

「投資の神様」バフェットの投資基準

最近は、日本株に投資を始めたウォーレン・バフェットの動向に注目が集まっている。バフェットはよく、**「10年売らなくても良いと思える企業にしか投資をしない」**という趣旨のことを言っているのだが、この言葉が企業と投資家との関係において参考になるので紹介しておきたい。

10年というのは結構長い期間なので、その間にいろいろなことが起こる。社長の後継者育成プランがしっかりと整備されているかどうか、環境コストや社会コストの負担を求められる社会の価値観の変化に耐えられるかどうか、他社の追撃を受けた際に簡単には攻め込まれない参入障壁を築いているかどうかなどを精査したうえで、「10年売らなくても良い」と思える企業にしか投資をしないということだ。

バフェットが優良な長期目線の投資家であることに異論がある人はほとんどいない

と思うが、彼のような投資家に買ってもらうためには、これだけ厳しいチェックに耐えなければならないのだ。**世界中で優良な投資マネーを奪い合っているなかでは、企業はそれに見合う努力をしなければならない**（ちなみに、バフェットが買った日本の商社株はそのビジネスモデルに着目した投資であり、個別企業の経営を認めたわけではない可能性がある。もちろん日本株に対する投資は非常に喜ばしいことではあるが、５大商社すべてを買ったという事実を冷静に分析する必要があるだろう）。

企業と同じ船に乗ってくれる「有益なピラニア」である投資家が少ないと何が起こるか、参考になる事例がある。

半導体の一種であるＤＲＡＭはその昔、日本企業が圧倒的に強かったのだが、いまは韓国のサムスン社の独壇場となってしまっている。なぜ日本企業がサムスンに負けたのかというと、巨額な投資が必要となるＤＲＡＭを支えるための**株式市場からの資金供給力の違い**だと言われている。

韓国企業は積極的にリスクを取り、それをサポートする資金も株式市場からふんだんに供給された。一方で日本の資本市場においては、企業と投資家の対話が十分でなく、リスクを理解して企業をサポートしてくれる「有益なピラニア」である投資家が少なかったために、思い切った設備投資に踏み切れなかったのだ。

ご存じの通り、いまや半導体は世界中のサプライチェーンを揺さぶる重要物資となっている。我々が二度と同じ轍《てつ》を踏まないためには、リスクを許容し長期的に寄り添ってくれる優良な投資家を呼びこまなくてはいけない。**「モノ」を言われることを恐れずに投資家としっかり向き合わなければならないのだ。**

資本市場のピラニア：個人は「目利き屋」を目利きせよ

「優良なピラニア」である投資家を呼び込むだけでなく、皆様自身が「優良なピラニア」になることもできる。

もし皆様が、「この会社は社会に必要なので、応援したい」と強く思える企業があるならば、プロの投資家にお願いすることなく独自に個別企業に投資することをおすすめする。私自身も数社ほどの個別企業に対して10年以上投資をしているのだが、社会に必要とされる企業だからこそ持続的に成長していき、株価は数倍になっている。短い時間軸で見ると株価が大きく下がった場面もあったが、そんなことには目もくれず、その企業が営んでいる事業の固有の時間軸をベースに考えることが重要だ。その時間軸をベースにすれば、「社会に必要とされる企業」という根本軸さえブレなければ投資は成功する可能性が高いのだ。私の保有株に関しては今後も、その企業の考え方が変わってしまわない限りはずっと保有していたいと思っている。

しかし、そのような企業を独力で探し出すことは簡単でないし、個人で目利きが可能な数社に対する投資だけだと、万が一何かが起こった場合の影響も大きくなってしまうだろう。

そこで登場するのが、投資信託を購入することによって「プロの投資家に企業の目利きをお願いする」という考え方だ。このように、企業を厳選して投資する機関投資家を「アクティブ投資家」という（アクティブ投資家の対義語は「パッシブ投資家」で、詳細は後ほど）。代表的なアクティブ投資家としては、これまで何度も話題にしているバフェットをイメージしてもらえれば良いだろう。

アクティブ投資家は、優良な企業を選別するために多くの人材を抱えて企業の目利きに東奔西走してくれる。また、数十〜数百社に対して投資をすることが可能になるので、個別企業に関する万が一のリスクを最小化することもできるようになる。

この場合我々は、アクティブ投資家に対して**自分の分身として「社会に必要とされる企業」の目利きをお願いする**わけなので、「運用者が誰なのか」をしっかりと吟味し、その運用者が自分の思いを託せる人なのかどうかを見極めなければならない。アクティブ投資家を選定する際には、単に過去のパフォーマンスが良い悪いという話だけではなく、運用者の哲学に共感できるかどうかが重要だ。

一方で、アクティブ投資家は多くの人を雇って企業分析をする必要が出てくるので、当然のことながら運用コストが高くなる。私はこれを単なる「コスト」として捉えるのではなく、自分の分身として社会のためになる企業を探し出して寄り添い続けてもらい、社会の健全な成長に資するという「投資」と考えるべきだと思っている。

アクティブ投資ではなく、運用に関するコストはなるべく安くおさえて日経平均やTOPIXなどの指数に連動することを目標として市場並みの運用成果を手に入れたいという考え方も存在する。このように指数に連動することを目的として運用する機関投資家を、「パッシブ投資家」という。パッシブ投資の場合、指数に組み入れられている企業を割合に応じて保有する（インデックス投資）だけなので確かにコストは安くなるが、その分だけ企業に対する分析や企業に寄り添うという行為が希薄になってしまう。

世の中がパッシブ投資家だけになってしまうと、**企業と投資家の対話が希薄になってしまい、企業価値向上に向けた活力が削がれてしまう**点を忘れてはならない。

「対話なき投資」が、成長を妨げる

これを感覚的に理解していただくために、ドラえもんに登場してもらおう。この原稿を書いているときの日経平均株価は3万3000円くらいなのだが、これから10年間、アクティブ投資家だけの世界とパッシブ投資家だけの世界の、2つのパラレル・ワールドをドラえもんに用意してもらい、それぞれ10年後の日経平均株価がいくらになっているかを考えてみたい。

図33 10年後の日経平均株価の差（イメージ）

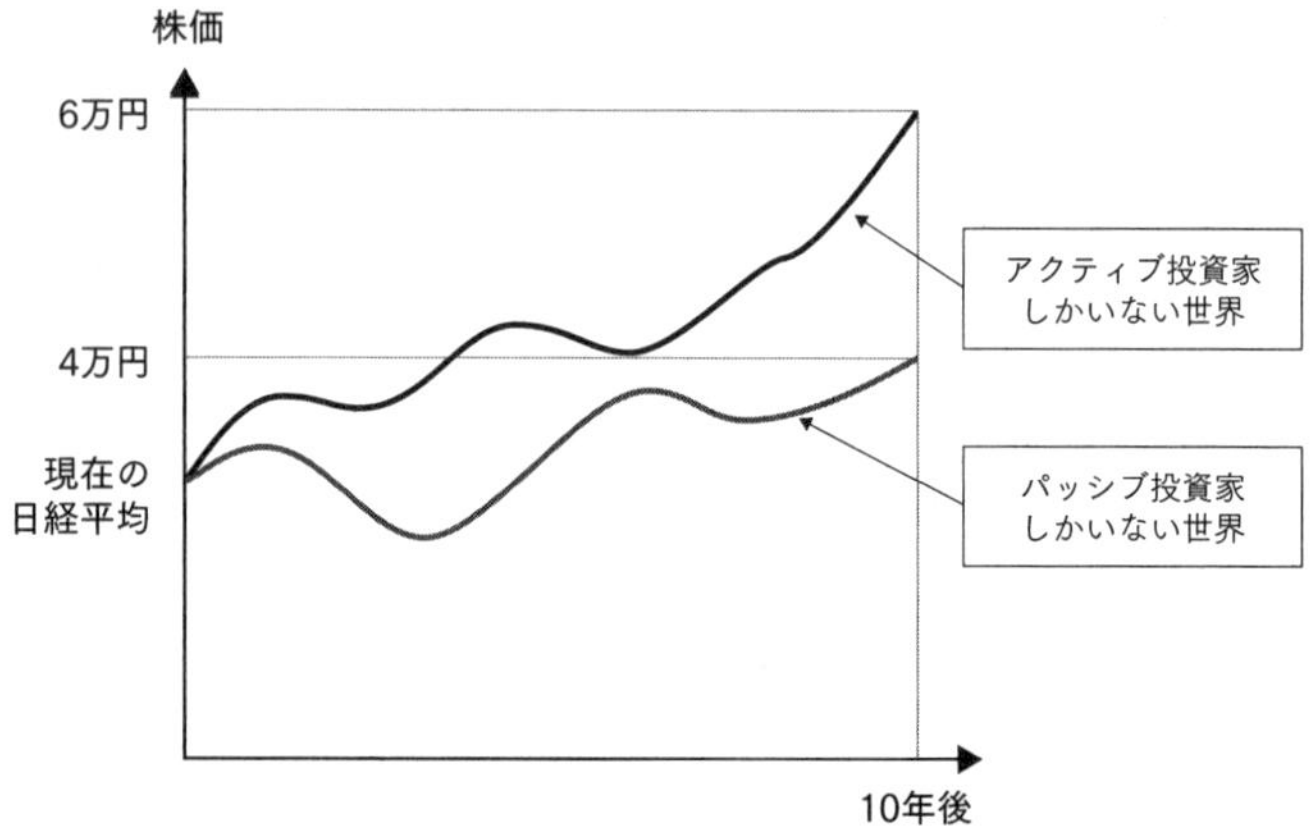

アクティブ投資家だけの世界においては、社会に必要とされる企業に対してアクティブ投資家が投資をして寄り添い、対話を深めることで長期的に株価が上がっていくだろう。アクティブ投資家に投資されなかった企業はそれを見て、どうしたら投資をしてもらえるかを考えながら投資家と対話し、経営の改善に真剣に取り組むことによって、こちらも株価が上がっていく。そして市場全体に経営に真剣に取り組む「流れ」ができる。10年後の日経平均は6万円になっているかもしれない（図33）。

パッシブ投資家だけの世界において

は、**企業は日経平均やTOPIXなどの指数にさえ入っていれば何もしなくても投資をしてもらえる**ので、経営に真剣に取り組むインセンティブが生まれづらい。またパッシブ投資家は企業と深い対話をすることが少ないので（コストをかけられないので、対話をする人を雇えない）、投資家から企業価値向上に向けた良いアドバイスをもらうことも難しい。そうすると10年後の日経平均株価は4万円に留まるかもしれない。

ここでのポイントは、**アクティブ投資家が存在することが市場全体に良い影響を与える**ということだ。単にコストが安いからという理由で皆がパッシブ投資を選択してしまうということは、上記の日経平均4万円の方向にまっしぐらに向かうことを意味する。資本市場の中に優良なアクティブ投資家による対話が一定程度存在するからこそ、結果的にパッシブ投資においても十分なリターンをあげられる可能性が高まるという市場メカニズムがあるのだ。

残念ながら、実際のところはドラえもんがいないためにこれを定量化することができないのだが、約２００兆円にも及ぶ我々の年金原資を運用してくれているＧＰＩＦ（年金積立金管理運用独立行政法人）が、**投資家が企業に対して対話を働きかける「スチュワードシップ活動」が投資リターンを改善する**という考え方を出している。

また次の図34は投資、投機、アクティブ、パッシブを４象限にまとめたものだ。ポイントは、右上の「**アクティブ投資**」**の存在が経済成長におけるいちばんのドライバーになる**ということだ。

代表的なアクティブ投資家であるウォーレン・バフェットのＧＳに対する投資でリーマン・ショックは終息へ向かったし、最近の日本株への投資によって日本株は上昇気流にある。彼のように本質的な価値を見抜こうとするアクティブ投資家の存在は、我々の社会にとって本当に有用だ。もう90歳を超えたバフェットだが、あと10年くらいは現役でがんばってもらいたいものだ。

昨今は売却益が非課税になるＮＩＳＡ（少額投資非課税制度）の枠が拡大されるタイミングでもある。先に述べたように、優良な投資マネーは限られているので、**我々**

図34 アクティブ投機(左上)、アクティブ投資(右上)、パッシブ投機(左下)、パッシブ投資(右下)

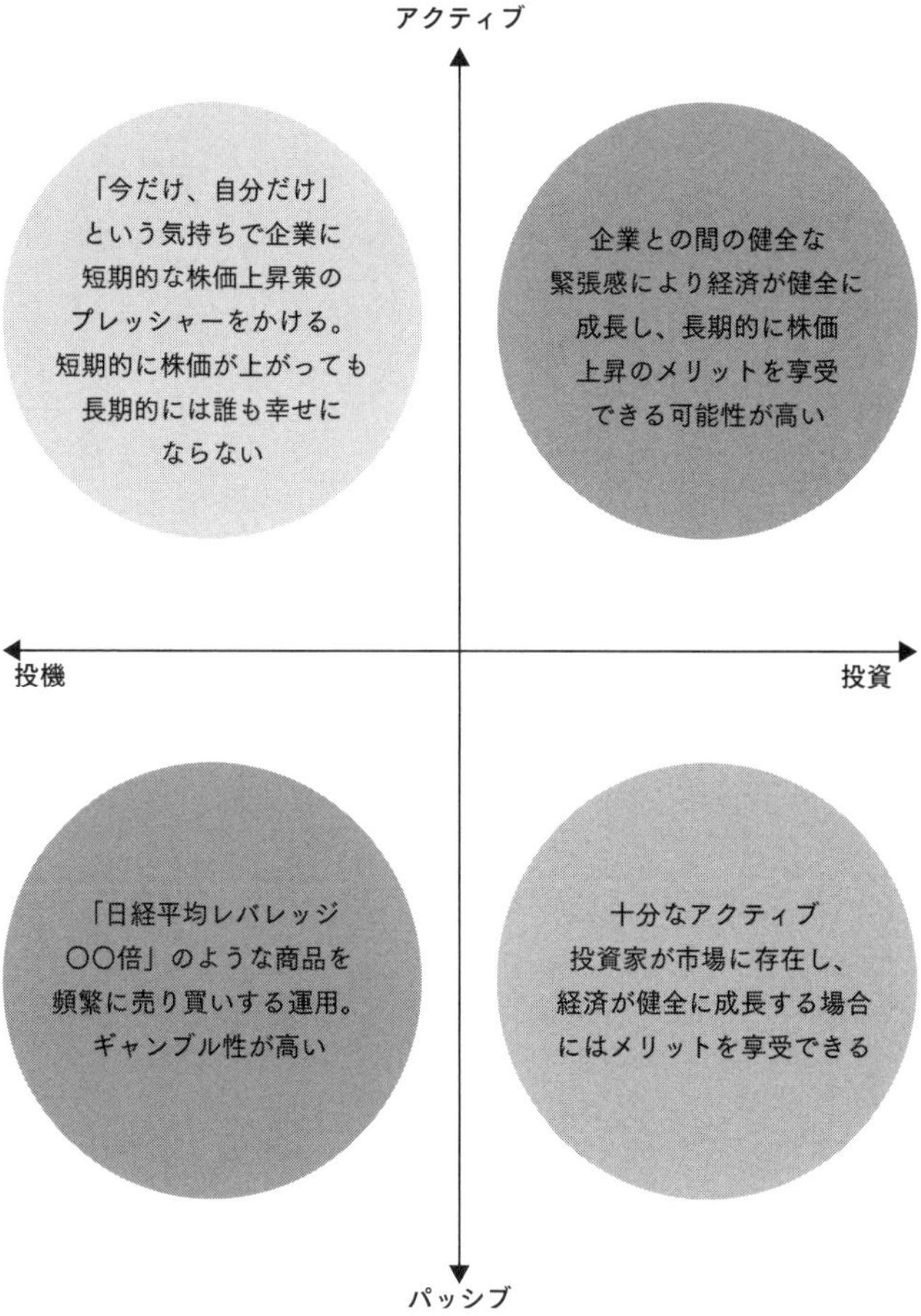
アクティブ
「今だけ、自分だけ」
という気持ちで企業に
短期的な株価上昇策の
プレッシャーをかける。
短期的に株価が上がっても
長期的には誰も幸せに
ならない
企業との間の健全な
緊張感により経済が健全に
成長し、長期的に株価
上昇のメリットを享受
できる可能性が高い
投機
投資
「日経平均レバレッジ
○○倍」のような商品を
頻繁に売り買いする運用。
ギャンブル性が高い
十分なアクティブ
投資家が市場に存在し、
経済が健全に成長する場合
にはメリットを享受できる
パッシブ

自身が優良な投資マネーを市場に投下できるように努力をしていくべきだと私は思っている。

私は皆様の投資先として投資信託などを活用して日本株を選択してほしいと思っているし（残念ながら、現状は米国株が大半だ）、日本の上場企業で働いている方々には、自分たちが投資をしたいと思えるような事業経営をしてほしいと考えている。海外投資家が日本株を買わない理由としてよく言われたのが、「**だって日本人が日本株を買っていないじゃないか**」ということだった。我々が日本株を買うことで、世界の投資マネーが日本を見てくれるようになるはずなのだ。

いまだに株式投資というのがギャンブル的なニュアンスで語られることが多いので、本章の前半で説明した「不確実性」の観点からも株式投資を説明しておきたい。次の図35のように、銀行預金というのは不確実性が低いため、損失の可能性が非常に低く、同時に利益の額も非常に小さい。逆に株式投資は損失の可能性が高くなる代わりに大きな利益を得られる可能性が高まることになる。

図35 「不確実性」の違い

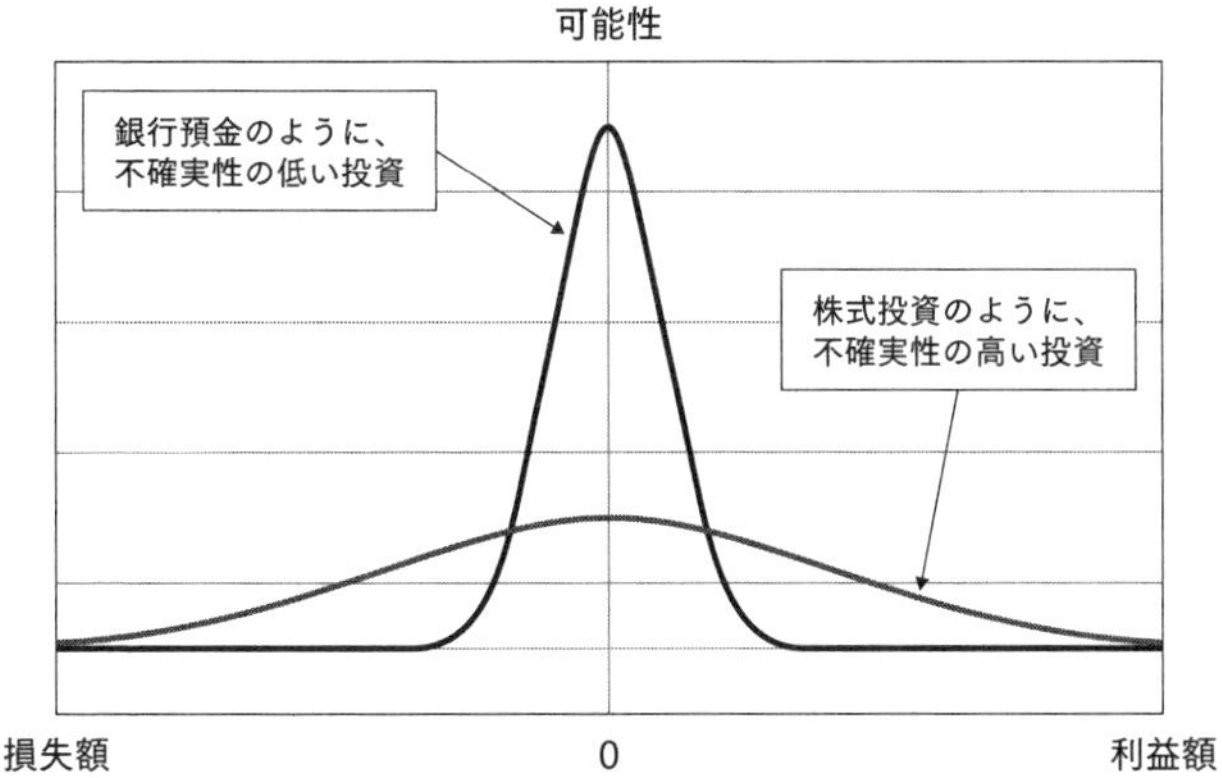

一概《いちがい》に株式投資が良い悪いという話ではなく、投資においては不確実性の大きさを的確に理解し、**自分がどれだけの不確実性を許容できるか**を認識することが重要だ。

ときにはこの図の右側だけを強調して、「絶対に儲かります」と詐欺まがいの投資話をよく耳にするが、必ず左側の損失ゾーンがセットになっていることを忘れないでほしい。「絶対に儲かります」なんてものは「絶対に存在しない」のだから。

2章でも説明したが、「株式投資」と

は、「社会課題を解決してくれる企業に対して株式という形で資金を提供し、その企業の成長と共に投資家も配当や株価の上昇によって恩恵を受けられる」ことを意味している。成長する可能性のある企業をしっかりと目利きをする必要はあるが、うまく成長すれば企業も投資家もお互いにウィン・ウィンになるし、日本が半導体のDRAM戦争で憂き目にあったようなこともなくなるはずだ。是非とも株式投資と真剣に向き合ってもらえたら幸いだ。

日本の資本主義社会においては、そもそも資本主義を機能させるためのピラニアが必要だ。一方グローバルに目を向けてみると、資本主義にブレーキをかけるような議論が活発だ。そのような流れで注目されている、SDGsやESGに関して少し考察を追加しておきたい。

ESG経営は、つきつめれば「企業文化」

「本当？」おじさん

私はGSでの最後は、業務推進部長かつSDGs／ESG担当という肩書であった。SDGsという言葉をほとんど誰も認識していなかったころから、SDGsという概念が持つ「社会のためになることを儲かるようにしてみせることで初めて、世界は持続可能になる」という考え方の重要性を認識し、17色のSDGsバッジをつけていた。

他には誰もバッジをつけている人はおらず、周りの人からは「清水さん、何かの宗教でも始めたんですか？」と言われる始末。「宗教というよりは、哲学ですかね〜」などと意味不明な返答をしながら、どんな形でも良いのでまずはSDGsの概念を知ってもらうことが重要だと考え、いつもSDGsバッジをつけていた。

それから数年が経ち、SDGsという概念が社会に認知されてきたタイミングで私はバッジを外す決断をした。これから先はSDGsという言葉を認知してもらうだけでなく、その本質的な意義を理解してもらうステージになったと判断したからだ。

世の中にはＳＤＧｓやＥＳＧなど、数文字のアルファベットで表される概念が星の数ほどあるのだが、その言葉の意味を深く考えないままに使ってしまっているケースが多くはないだろうか。天邪鬼《あまのじゃく》な私はそういうことが苦手で、その裏側にある思想を自分なりに理解してからでないと気持ち悪くて仕方がない。

たとえば私は仕事柄、「清水さん、ＥＳＧの商品ありませんか？」と聞かれることもよくあったのだが、「あなたの考えるＥＳＧを自分の言葉で説明してみてください」と質問返しをして、その場が気まずくなることが何度もあった。曖昧な定義のままに議論が進んでしまうというのは、国民の均質性が高く、あうんの呼吸でものごとが進みがちな日本ではやはり多いのかもしれない。

私は新入社員時代、何かしらの質問に答えたときに「それ、本当？」と聞いてくる先輩がとても苦手だった。私がとことん調べ抜くことをせずに、新聞に書いてあることを鵜呑みにして知ったかぶりをしたような場合は、とことん「それ、本当？」と詰められるのだ。心のなかでは「この、『本当』オジサンめ!!」と思いながらも、自分が納得いくまで調べ抜くというスタンスが身についたのは、この先輩のおかげだったと思っている。

そして気がつけば自分も「それ、本当?」と聞く癖がついてしまっており、なんなら「それ、自分の言葉で説明してみて」という応用版も身につけてしまった。聞いたことのある言葉を使うだけでわかった気持ちになってしまうことを戒める、これまた結構なピラニアなのではないだろうか。「それ、本当?」は、是非皆様も使ってみてほしい。

ROE（地球利益率）で評価する時代がくる

将来的に企業がどのような環境コストや社会コストを負担することになるのか、もしくは既に負担しており、他社対比で優位性があるのかどうかといった情報は、**現時点での企業の財務情報のどこを探しても見つけることはできない。**

しかし、このような要素を考慮しない限り、企業の将来的な利益を的確に予見することはできず、適正な企業価値を算定することもできない。そうすると投資家は、社

図36 環境コスト、社会コストを考慮した場合の利益の差（イメージ）

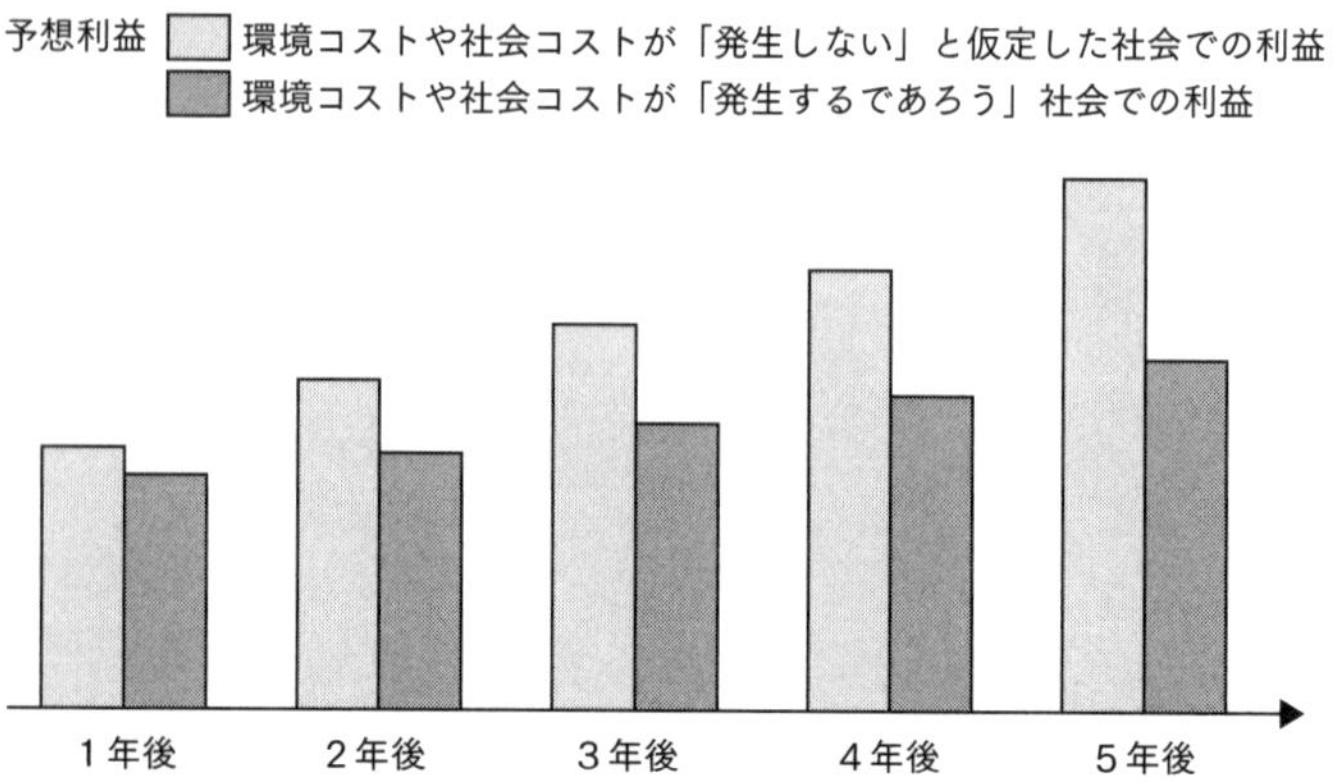

会の価値観の変化を予測し、現時点での企業の財務情報だけでは捕捉しきれない企業の実態を、**ＥＳＧという合言葉でもって可能な限り捕捉して企業価値を算出する**ことが求められるようになる。

昨今、いたるところで開示の強化が叫ばれていて企業側が大変な思いをしているのには、このような投資家側の要請があるのだ。

企業価値の算出方法にはいろいろな考え方があるが、将来得られるであろう利益を現在価値に割り引いたものの総和とする考え方が一般的だ。その利益は図36のように、環境コストや社会コストをどれくらい負担するかによって異なってくるのだから、ESGを考慮しないと本当の企業価値を算出できないというのは明らかだろう。

しかしESGを考慮した投資がまだ黎明期《れいめい》であることから、投資家側もまだESGに関するスタンスが定まっていない。単に「化石燃料を発掘している企業や、武器を製造している企業には投資をしない」といった考え方も一部にはあり、さらにはロシアによるウクライナ侵攻の前後で考え方が180度変わったりと、非常に目まぐるしい。これは、ESGという定義がまだ漠然としているにもかかわらず、その本質をしっかりと議論しないままに言葉だけが独り歩きした結果なのだろう。企業側としてはこのような**投資家のスタンス変更に振り回されることがないように、ESGという言葉を安易に使うのではなく、本音で企業価値向上策を語り合える投資家を選別すべき**であるように思う。

このような社会的価値観の変化のなかで、参考にすべき考え方が「ROE」だと私は考えている。前にROEは「Return on Equity」（株主から預ったお金に対する利益率）という話をしたが、ここで私が提唱したいＲＯＥというのは「**Return on Earth**」（**地球利益率**）だ。**どれだけの地球資源を使って利益を上げているのか**という考え方だ。

残念ながら現時点では、得られる情報が限定的であるがゆえにReturn on Earthを厳密に計算する術《すべ》を我々は持ち合わせていないが、すべての行動においてReturn on Earthを念頭に置きたい。きれいな空気も飲み水も温暖な環境も、すべては地球の限られた資源を使わせてもらっているだけで、無尽蔵にそこにあるわけではないのだから。

「Return on **Equity**」から「Return on **Earth**」へと社会の価値観が変わっていったとすると、積み上げ思考で対応することには自《おの》ずと限界がある。将来のあるべき姿から逆算して、いまやるべきことを是々非々で判断していくという非連続な変化が求められる。

しかしこれは、戦後復興の過程において積み上げ思考で大きな成功体験を得ることができた日本においては、非常に難しい思考パターンなのだろう。企業経営の現場においても、これまでの考え方の延長でＥＳＧを捉えてしまい、投資家との対話が噛み合わないケースを数多く見てきた。また、日々目の前の業務を必死にこなしている事業部門の方々には、なかなか逆算思考の重要性を理解してもらえないために、間に挟まれたＥＳＧ関連部門の方々が大変な思いをされていることも日常茶飯事であった。

私はそのような方々に対して、「ＥＳＧ関連部門が必要なくなることがゴールですよ」とよく言っていた。いまは価値観が変化する過渡期であるためＥＳＧ関連部門が必要だが、環境コストや社会コストを企業が考慮することが当たり前の世界になれば必要なくなる。そしてそのときには、我々の社会の持続可能性は格段に高まっているはずだ。

そうすると企業がＥＳＧに取り組むということは、名ばかりのＥＳＧ部門を作ってボランティア的な取り組みをすることではない。将来的な価値観の変化を見越して従業員に対するインセンティブ構造を変え、従業員の行動変容を促すことが必要だ。

単に会計上の利益を出した人を評価するのではなく、「Return on Earth」の観点からその利益を適切な時間軸で見直し、人を評価しよう。たとえいまは赤字であったとしても、将来的に素晴らしい利益を生む事業であれば評価の対象にすべきだし、事業活動を支える間接部門の貢献にも日の光を当てるべきだ。そのような難しい判断ができる人を昇進させることも絶対に欠かせない。

これらは「企業文化」そのものだ。**ESGを考え抜いていけば、企業文化にいきつく。**経営者がこのことに気づけるかどうかが、ESG関連部門の苦悩を解放してくれるのだ。この本が、ESGの海に溺れているESG関連部門の方々にとって一筋の光となることを切に願っている。

環境問題や社会問題のなかでも、特に時間軸が長くて取り組みが難しいのが気候変動問題だろう。まずもって、原因となる温室効果ガスは目に見えない。また、1国だけでどうにかなる問題ではなく、世界中の国々が協働する必要がある。さらには対応を急ぎすぎるとエネルギー不足を引き起こし、我々の生活に多大な影響を与えかねない。けっして直線的に対応が進んでいくわけがない、複雑怪奇な取り組みなのだ。考えただけで気が遠くなる。

そのような脱炭素への道筋を先導してくれる企業に対して私は、「殿《しんがり》」であってほしいと願っている。「殿」というのは、戦国時代の負け戦において本隊を無事に退却させるために、最後尾で追ってくる敵と対峙する役割をいう。けっして派手ではないが、高度な戦術と胆力が必要となるエース級の役割だ。

脱炭素という勝利を達成するためには、企業レベルで化石燃料のビジネスをやめたところで問題は解決しない。そのビジネスは他の誰かの手に渡るだけで、地球レベルでは何も変わらないのだ。また急激な脱炭素化は国内のエネルギー不足を引き起こし、地政学リスクに繫がりかねない。そのような複雑な状況を理解しつつ、現実的かつ最善の一手を打ち続けることで脱炭素という目的に向けて尽力してくれる「殿」のような企業が必要なのだ。今後、どの企業が「殿」の役割を果たしてくれるのか、我々はしっかりと見極めなければならないだろう。

結び：スポーツ界にあって経済界にないもの

昨今、我々の周りで起こっていることに目を向けてみると、日本が素晴らしいポテンシャルを持っている国であるということを実感することが増えてきた。ラグビーワールドカップやＷＢＣを見ても、個々人の能力が高くなったというだけでなく、皆が謙虚さと利他の心を持ってチームのために献身する姿勢があり、さらにそこに多様性が加わることによって、世界トップレベルの結果を残しているのだろう。

ではなぜ、スポーツ界でできていることが経済界では難しいのだろうか。スポーツと経済では規模が違いすぎるということもあるが、いちばんの違いは**「挑戦者の心」**を持っているかどうかではないだろうか。

野球もラグビーも、世界のレベルがはるか上にあった。自分たちが挑戦者であることを自覚していたので、自分たちに足りないものが何かをリアリズムをもって分析し、そのギャップを埋めるために最大限の努力をしてきたはずだ。その過程で失敗することも当然あったはずだが、「挑戦者の心」さえ持ち続けていれば、その失敗から学びを得て次の挑戦につなげることができる。失敗というのは、失敗から何も学ばなくなったときに本当の失敗になるだけだ。「挑戦者の心」さえ持っていれば、失敗も「学び」になる。

経済界においても、戦後の経済成長の過程では「挑戦者の心」を持って奇跡的な復興を成し遂げ、世界第2位の経済大国にまで上り詰めた。しかし、そのような経験をしたあとでもまだ挑戦者の心を持ち続けるのは、至難の業だったのだろう。どうしても成功体験に縛られてしまい、時世に応じたダイナミックな改革ができないままに、時代の流れに置いていかれてしまった（つまり茹でガエル化してしまった）。

歴史的に見ても、敗者の混迷よりも勝者の混迷の方が長く惨憺《さんたん》たるものであったというのは、このような心の持ちように起因しているのだろう。

日本が取り返しがつかない状況になってしまう前に、自らの手で「ピラニア」を活用して自分自身を律しよう。

「挑戦者の心」を取り戻せるかが問われている。

おわりに

いまから8年ほど前、日経平均が2万円弱だったころのことだ。私は金融機関で働いている同僚に、「コーポレートガバナンス改革がうまくいけば、日経平均は4万円を超えるはず」と言って皆から大笑いされたことがある。彼らはなまじ金融機関で働いていて日本の現状がわかっていたからこそ、4万円というのがあり得ない数字に映ったのだろう。でも私にはそこまでの道筋が明確に見えていたし、笑われる理由が理解できなかった。

いま、この本の「おわりに」を書いているタイミングで日経平均は3万円を超え、4万円まではそう遠くないところまで来ている。いまならば日経平均4万円と言っても、誰も笑う人はいないはずだ。時間軸を長く取り、人生をかけて何かを成そうとするということは、その当初においては大多数の人からは理解されずに「笑われる」ことになる。逆に言うと、笑われるくらいでないと、本当に社会にインパクトを与えるようなことはできないのかもしれない。

非常に不安定な社会を持続可能な方向へ変えていくためには、たとえ人に笑われようとも自分の哲学をしっかりと持ち、周りに流されない強さを持つことが重要だ。私の場合は幸い（？）天性の天邪鬼《あまのじゃく》であったために、周りに流されないだけなのだが。

そんな私の姿を見て、とあるお客様から「志と行動力を併せ持った清水さんの生き方そのものが、いまの日本に求められているんです。どんどん発信してください」と言われた言葉が私の心の中にずっと残っていた。また、以前から私の発信に触れてくれていた某企業のＩＲ担当者が、書籍編集者になった。「是非本を出してほしい」という依頼を受けていたのだが、さすがに多忙な業務の合間では執筆の時間が取れない。お断りをしていた矢先、ＧＳをクビになった。その翌日、私は神が降りてきたような感覚を覚えたのだ。資本主義のど真ん中で持続可能な社会のために尽力し続けた人間の「闘い方」を、もっと多くの人に伝えるべきではないかと！

そこで、「自分が１日休んだら、日本が１日遅れる」[14]という覚悟を持って、この本を執筆することになった。

私は冒頭で、年間1兆円のビジネスを作ろうと思って結果的に7000億円までは達成できたという話をした。これも当初は誰しもに現実味のない話だと思われる規模の話だ。しかし私は本気で1兆円を達成すると信じて戦略を展開したからこそ、7000億円まで達することができたのだと思う。もし、もっと現実的な1000億円を目標としていたならば、けっして7000億円まではいけなかっただろう。

高い目標を立ててそこに向けた戦略を研ぎ澄ましてチャレンジするからこそ、結果的により高みに辿り着ける。皆様も、「人に笑われる」ところから始めてみてはどうだろう。

実は私にはもう1つ「人に笑われる」野望がある。それは「資本主義の流れを変えることによって、世界の持続可能性に貢献した」という理由で「ノーベル平和賞を頂く」ことだ。

もちろんノーベル平和賞は目的ではなく結果としてついてくるものだが、とりあえずはノーベル平和賞を頂くことを妄想しながら、今後も「資本主義の流れを変えることによって世界の持続可能性に貢献する」という取り組みを続けていきたい。ノーベル賞が発表される毎年10月ごろには、ノルウェーのオスロからの電話を待ちながらソワソワしている（もちろん、先方は私の連絡先など知らないのだが）。

それにしても昔から文章を書くのが苦手で、原稿用紙1枚分の作文を書くことさえできなかった私が、まさか本を書くことになるとは夢にも思わなかった。思い返してみると、昔は文章を書くこと自体が「目的」であったがために、心の奥底から何かを伝えたいという渇望がなかったのだろう。しかし今回は、私の「考え方」をより幅広い方々に知ってもらうことで、少しでも日本のため子孫のための役に立ちたいという明確な「目的」があったのだ。この本を読んで何かを感じて頂き、皆様の行動が少しでも変化することがあったならば、私の人生には一片の悔いもないと言えるだろう。

私は元来とても利己的な人間で、けっして利他をベースに生きている聖人君子ではない。しかしあるときに気づいたのが、どれだけ利己的に何かをほしがったとしても、本当にほしいものは利他でしか手に入らないということだ。「利他」的に生きるというのは簡単なことではないが、時間軸さえ長く取れば「利己」が「利他」に変わっていくと考えれば、自然体で「利他」を続けていける。「究極の利己は利他」なのだ。

*

退職にあたっては急にすべてのコンタクトをシャットダウンされる形であったため、お世話になった皆様に何のご挨拶もできなかったことだけが心残りだった。この場を借りて「私の志はまったく変わっていない」ということをお伝えさせていただきたい。GSという会社における私の取り組みは終わりを迎えたが、近いうちにまた違った形で皆様にお会いできることを楽しみにしている。お世話になった皆様で、何かしらご意見ご要望などあられる方は、是非メールを頂けたらと思う。

この本を書くにあたっては、私がこれまでの人生で学んだ経験や教訓をほぼすべて形にすることができた。この本を無事書き終えたことで私はそっと筆を置き、また次の挑戦へと向かいたいと思う。

私の今後に関してはまったくの未定なので、この本を読んで頂いた方のなかで「是非一緒に！」という方がいらっしゃったら、shimizudaigo6@gmail.com までお声がけ頂けると幸いだ（前代未聞の求職活動？・）。

アカデミアの世界に進んではどうかと言われることもあるのだが、学びというのは現場で生かすことを前提とするからこそ価値があると私は思っている。一方で、現場にずっといると学びを忘れがちになってしまう。私は「挑戦者の心」を持って「学んでいる人は現場に出る、現場の人は学ぶ」を実践していきたいと思う。

とにもかくにも、私は将来世代から怒られてしまわないように、今後もできる限りのことはしていきたいと思っている。

次の10年が人生の集大成になると考えているので、社会に対して最大のインパクトを与えられると思える取り組みを選択していきたい。そして結果を成すことができたなら、また10年後に筆を取らせて頂くだろう。

最後に、読者の皆様へ。こんなにも面倒な、問いかけばかりの本を最後までご精読いただき、本当にありがとうございました。

清水大吾

註

1. 日本経済新聞（2023.1.11）.「ゴールドマン、3200 人削減今週に着手　投資銀不振、コスト抑制」. https://www.nikkei.com/article/DGKKZO67474630R10C23A1MM0000/,（参照 2023-7-14）
2. 共同通信（2023.6.15）.「大谷人気、カナダにも拡大 『模範的』道徳教育の教材にも」. https://nordot.app/1041823727087370407?c=113147194022725109,（参照 2023-7-14）
3. 日本経済新聞（2018.9.22）.「2008 年 9 月 22 日 三菱 UFJ、モルガンに出資」. https://www.nikkei.com/article/DGXMZO35219450R10C18A9000000/,（参照 2023-7-18）
4. COURRiER Japon（2023.5.23）.「ジェフリー・ヒントン『人類を凌駕する人工知能に私は戦慄している』」. https://courrier.jp/news/archives/326442/,（参照 2023-7-18）
5. Business Insider（2022.10.14）.「アメリカの下位 50%の世帯は、国全体の富の 2%しか持たない…上位 1% が 3 分の 1 を保有」. https://www.businessinsider.jp/post-259961,（参照 2023-7-18）
6. 自由民主党日本経済再生本部（2014）.「日本再生ビジョン」. https://www.y-shiozaki.or.jp/pdf/upload/20140620104042_5hdM.pdf,（参照 2023-7-18）
7. スタジオジブリ（n.d.）.「新しく、スタジオジブリ 5 作品の場面写真を追加提供致します」https://www.ghibli.jp/info/013409/,（参照 2023-7-18）
8. 金融庁（2018）.「金融審議会『ディスクロージャーワーキング・グループ』（第 3 回）議事録」. https://www.fsa.go.jp/singi/singi_kinyu/disclose_wg/gijiroku/20180221.html,（参照 2023-7-18）
9. 株式会社サンリオ（2021）.「中期経営計画 2022 年 3 月期 – 2024 年 3 月期」. https://corporate.sanrio.co.jp/pdf/mid-term_management_plan2021.pdf,（参照 2023-7-18）
10. 日本郵船株式会社（2021）.「特別対談（NYK レポート 2021）ゴールドマン・サックス証券 X 日本郵船 真の企業価値向上に向けて（抜粋版）」. https://www.nyk.com/esg/social/dialogues/03.html,（参照 2023-7-18），日本郵船株式会社（2022）.「特別対談（NYK レポート 2022）ゴールドマン・サックス証券 X 日本郵船　ESG 経営で見えてきた企業文化の進化（抜粋版）」. https://www.nyk.com/esg/social/dialogues/04.html,（参照 2023-7-18）
11. 日本経済新聞（2023.4.20）.「22 年度貿易赤字 21.7 兆円、過去最大　資源高・円安響く」. https://www.nikkei.com/article/DGXZQOUA19DHV0Z10C23A4000000/,（参照 2023-7-18）
12. 稲盛和夫氏は「小善は大悪に似たり。大善は非情に似たり」とよく語られていた。
“上司と部下の関係でも、信念もなく部下に迎合する上司は、一見愛情深いように見えますが、結果として部下をダメにしていきます。これを小善といいます。「小善は大悪に似たり」と言われますが、表面的な愛情は相手を不幸にします。逆に信念をもって厳しく指導する上司は、けむたいかもしれませんが、長い目で見れば部下を大きく成長させることになります。これが大善です。”
稲盛和夫 オフィシャルサイト（n.d.），「小善は大悪に似たり」
https://www.kyocera.co.jp/inamori/about/thinker/philosophy/words49.html,（参照 2023-7-18）
13. Bloomberg（2021.9.16）.「報奨金 120 億円、米ＳＥＣが内部告発者 1 人に提供－史上 2 番目の金額」. https://www.bloomberg.co.jp/news/articles/2023-09-16/QZHYK3T0G1KW01,（参照 2023-7-18）
14. 日本の土木工学者・古市公威が言ったとされる言葉。

著者紹介
清水大吾（しみず・だいご）
1975年、愛媛県西宇和郡伊方町生まれ。
2001年に京都大学大学院を卒業し、日興ソロモン・スミス・バーニー証券（現シティグループ証券）に入社。
07年にゴールドマン・サックス証券に入社し、16年からグローバル・マーケッツ部門株式営業本部業務推進部長（SDGs/ESG担当）。
社会の持続可能性を高めるためには資本主義の流れを変える必要があると考え、社会の価値観に働きかける啓発活動を推進。
23年6月、同社を退職。

装幀	竹内雄二
本文デザイン	相原真理子
図版	朝日メディアインターナショナル・相原真理子
DTP	朝日メディアインターナショナル
校正	鷗来堂
営業	岡元小夜・鈴木ちほ
進行管理	中野薫・小森谷聖子
編集	的場優季

資本主義の中心で、資本主義を変える

2023年9月6日　第1刷発行
2024年2月13日　第3刷発行

著者　清水大吾
発行者　金泉俊輔
発行所　ニューズピックス（運営会社：株式会社ユーザベース）
〒100-0005 東京都 千代田区丸の内2-5-2 三菱ビル
電話　03-4356-8988
FAX　03-6362-0600
※電話でのご注文はお受けしておりません。
FAXあるいは下記のサイトよりお願いいたします。
https://publishing.newspicks.com/
印刷・製本　シナノ書籍印刷株式会社

落丁・乱丁の場合は送料当方負担でお取り替えいたします。
小社営業部宛にお送り下さい。

ISBN 978-4-910063-33-1
本書に関するお問い合わせは下記までお願いいたします。
np.publishing@newspicks.com

希望を灯そう。

NEWS PICKS PUBLISHING

「失われた30年」に、
失われたのは希望でした。

今の暮らしは、悪くない。
ただもう、未来に期待はできない。
そんなうっすらとした無力感が、私たちを覆っています。

なぜか。
前の時代に生まれたシステムや価値観を、今も捨てられずに握りしめているからです。

こんな時代に立ち上がる出版社として、私たちがすべきこと。
それは「既存のシステムの中で勝ち抜くノウハウ」を発信することではありません。
錆《さ》びついたシステムは手放して、新たなシステムを試行する。
限られた椅子を奪い合うのではなく、新たな椅子を作り出す。
そんな姿勢で現実に立ち向かう人たちの言葉を私たちは「希望」と呼び、
その発信源となることをここに宣言します。

もっともらしい分析も、他人事のような評論も、もう聞き飽きました。
この困難な時代に、したたかに希望を実現していくことこそ、最高の娯楽《エンタメ》です。
私たちはそう考える著者や読者のハブとなり、時代にうねりを生み出していきます。

希望の灯を掲げましょう。
1冊の本がその種火となったなら、これほど嬉しいことはありません。

令和元年
NewsPicksパブリッシング 編集長
井上 慎平